**왜 성공한 리더들은
아무리 바빠도 미술관에 가는가**

ART SHIKOU BUSINESS TO GEIJYUTSU DE HITOBITO NO KOUHUKU WO TAKA-
MERU HOUHOU
by Yuji Akimoto
Copyright © Yuji Akimoto 2019
Korean translation copyright © 2025 by SENSIO
All rights reserved.
Original Japanese language edition published by PRESIDENT Inc.
Korean translation rights arranged with PRESIDENT Inc.
through Lanka Creative Partners co., Ltd., Tokyo and EntersKorea Co., Ltd.

이 책의 한국어판 저작권은 (주)엔터스코리아를 통해 저작권자와 독점 계약한 센시오에 있습니다.
저작권법에 의하여 한국 내에서 보호를 받는 저작물이므로 무단전재와 무단복제를 금합니다.

CEO의 서재 · 45　　*Why Successful Leaders Go to Art Museums*

왜 성공한 리더들은
아무리 바빠도
미술관에 가는가

아키모토 유지 지음 | 정지영 옮김

센시오

| 프롤로그 |

세계 최고의 리더들이
미술관에서 보는 것

요즘 성공한 리더들이 아트 페어나 미술관을 자주 찾는 모습이 눈에 띈다. 어떤 이는 직접 미술관을 세우기도 하고, 또 어떤 이는 뉴욕의 유명 미술관들을 자주 찾으며 화제가 되기도 한다. 그런데 요즘 이러한 일들이 많아지자 많은 사람이 궁금해하는 것이 있다.

"그 바쁜 사람들이 왜 미술관에 가는 걸까?"
"미술 작품을 보면서 무슨 생각을 할까?"
"자기 일과는 상관없어 보이는데, 거기서 무슨 아이디어라도 얻는 걸까?"

나 역시 이와 같은 질문을 자주 받는다. 실제로 아티스트의 창의성을 경영이나 비즈니스에 어떻게 접목할 수 있을지 상담을 요청하는 이들이 늘고 있다. 덕분에 강연도 많아졌고, 각계 리더들과의 교류도 자연스럽게 이어지고 있다. 이처럼 미술에 관심을 갖는 사람들이 늘어나는 건 참 반가운 일이다. 그래서 나는 이 책에서 미술과 비즈니스가 어떻게 연결될 수 있는지, 사업가들이 미술 작품 앞에서 어떤 생각을 하고 어떻게 영감을 얻는지를 구체적으로 다뤄보려 한다.

비즈니스 현장에서는 역시 숫자나 데이터에 중점을 두기 쉽지만, 경영자들의 이야기를 들어 보면 평소 경영에서 '보이는 것'에 사로잡혀 한계를 느끼는 듯하다. 그래서 '보이지 않는 것'을 아트에서 배우고, 아티스트와 같은 감성을 얻어 한계를 돌파하고자 하는 것이 아닐까 싶다.

하지만 나는 그럴 때마다 솔직히 이런 생각이 든다. 어떤 각도에서 생각해도 아트와 비즈니스는 전혀 다르다고. 본문에서도 이를 충분히 전달하려고 했지만, 아트와 비즈니스의 발상 기점은 크게 달라서 영원히 섞이지 못할 수도 있다.

첫머리부터 실망하는 사람이 있을지도 모른다. 하지만 달리 말하자면, 그런 점이 아트와 비즈니스 관계의 재미라고 할 수 있을 것이다. 아트도 비즈니스도 각각 성질이 전혀 다르지만, 그렇다 해도 결국 사람이 필요로 하는 것이고, 근본적으로 공통되는 부분도 있다. 의외로 깊은 본질에서 공감이 일어나는 것이 아닐까?

나는 오랫동안 예술계에 몸담았지만 비즈니스 현장과 전혀 무관한 일을 해 온 것은 아니다. 현대미술을 업으로 삼으면서 항상 비즈니스와 아트의 경계에서 갈등해 왔다.

1990년대 나오시마 아트 프로젝트 초창기였던 베네세 시절에도 역시 고민의 연속이었다. 지금은 세계적인 명소로 전 세계인이 찾는 곳이 되었지만, 초기 단계에서는 민간사업이었던 만큼 아트의 경제적인 가치를 경영층이 이해하도록 하는 데에 어려움이 있었다.

2007년 이후에는 가나자와에서 규모가 현저히 축소한 전통산업·공예를 진흥할 목적으로 국제전이나 아트 페어를 개최해 공예를 활용한 마을 조성과 지방 경제의 활성화에 종사했다. 이쪽에서도 문화와 경제 사이에서 미묘한 조절을 하려고 노력했다. 나오시마, 가나자와에서 겪은 이런 경험이 자양분이 된 듯하다.

나오시마 아트 프로젝트

나오시마 아트 프로젝트

아트 마켓에 어마어마한 돈이 몰리는 이유

서구의 미술관 관장은 MBA(경영학 석사)를 취득한 사람이 많은데, 이런 사례는 더 이상 드문 일이 아니다. 물론 미술사, 미학, 철학 등 아트에 필수적인 학문을 배우고, 거기에 추가한다는 의미다. 그만큼 서구에서는 아트와 경제가 연결되어 있다.

아트 마켓도 마찬가지로 큰돈이 움직인다. 예를 들어 데미안 허스트Damien Hirst라는 영국의 현대 아티스트는 포르말린에 절인 상어와 양을 전시하는데, 그는 한 번의 전시에서 218점의 작품을 판매해 1억 1,100만 파운드(약 1,530억 원)의 매출을 올렸다.

현존하는 아티스트로 현대 미술품 부문의 경매에서 최고액을 기록한 제프 쿤스Jeff Koons의 작품은 한 점이 9,107만 5,000달러(약 1,266억 원)였다.

언뜻 보기에 돈과 전혀 무관해 보이는 아트가 왜 이렇게 어마어마한 금액이 될까? 또 아트는 도대체 무엇을 팔고 있는 것일까? 사람들은 무엇을 공감할까? 평소에 접하는 비즈니스와 구조가 너무 달라서 오히려 관심이 생기는 것일까?

인간의 감성과 감정, 가치관이 비즈니스가 되는 것은 당장은 납득할 수 없을지 몰라도 현대 비즈니스에 알게 모르게 파고들어 있는 것이 이런 감성에 따른 가치가 아닐까?

애플의 창업자 스티브 잡스는 문자 디자인인 캘리그래피를 배웠고, 옛 미국 야후의 전 CEO 마리사 메이어가 영향을 받은 것은 화가인 어머니였다.

아이폰의 편리함은 단순히 기능에 대한 공감이 아니라 오히려 감각적인 것, 감성적인 것에 대한 공감이 아닐까? 지금까지 비즈니스와는 무관하다고 여겼던 직감이나 감성이 비즈니스에 크게 기여하고 있는 모습이다.

독창성이 가치를 창출한다

요즘은 모든 제품과 서비스 안에 감성적, 감각적인 영역이 파고드는 시대다. 실제로 어느 분야에서든 감성이나 직감으로 얻는 만족이 큰 무게를 차지한다. 한편으로 그것을 노하우나 매뉴얼로 완벽하게 만드는 것은 불가능하지 않을까?

뛰어난 배우의 매력적인 연기나 숙련된 기술자, 탁월한 스포츠 선수의 퍼포먼스를 재현하는 것이 불가능하듯이 천재 아티스트가 만들어내는 아트는 더욱 재현이 불가능하다. 그러나 그렇기에 귀중한 한 번의 사건, 독창성이 가치를 창출하는 법이다.

이 책에서는 감성이나 직감이라고 정리되기 쉬운 이런 내용을 굳이 정면에서 다루어 풀어가고자 한다. 즉, 감성이나 직감이라고 쉽게 치부되는 예술의 힘을 정면에서 마주하며, 리더가 가져야 할 새로운 시선과 사고의 가능성을 탐색한다. 나아가 현대미술을 통해 독창적으로 사고하고 질문하는 법을 훈련할 수 있는 구체적인 방법도 함께 제안한다.

현대미술을 순간의 즐거움만으로 끝내는 것이 아니라 미술을 즐기는 폭을 넓히고, 아트라는 매체(미디어)를 통해 현대사회를 생각하는 힘을 기르는 대담한 일에도 도전해 본다.

아트는 본래 자유로운 대화의 장을 확보하고, 포기하는 일 없이 대화를 깊게 하기 위해 존재하며, 아트의 이상적인 장소는 그런 '자유로운 교류의 장'을 말한다. 현재는 자신의 입장을 명확히 하는 데에 어려움을 겪는 시대다. 비즈니스 자리에서도 개성적인 제품이나 서비스를 전개하기에는 어려움이 있다. 독자적으로 사는 것이 힘든 시대라고 할 수 있다.

아티스트들은 그 속에서도 강인하게 살아가면서 표현해 나간다. 왜 뛰어난 아티스트들은 고독해도 저렇게 굳건할까? 인간적인 강인함은 어디에서 오는 것일까? 그리고 이 냉엄한 사회에서 생존하는 진정한 감성과 지성이란 무엇일까? 아티스트적 관점에서 비즈니스에 영감을 얻으려면 어떻게 해야 할까? 또한 이 책을 통해서 아트란 무엇을 위해 존재하는지 이해할 수 있도록 글을 썼다. 아트와 비즈니스 현장에서 내가 보고, 접하고, 느낀 것을 비즈니스 관계자들이 활용할 수 있을 만한 내용으로 정리해 보았다. 단순한 미술품 감상을 권장하는 책이 아니다. 아트를 비즈니스에 활용하는 지혜가 전달되기를 바란다. 모쪼록 고독하게 살아가는 아티스트의 창발성과 생존 기술이 현시대를 꿋꿋이 살아가는 비즈니스 관계자 여러분에게 참고가 되었으면 하는 마음이다.

Contents

| 프롤로그 | 세계 최고의 리더들이 미술관에서 보는 것　　　　　　　　004

PART 1
왜 성공한 리더들은
아무리 바빠도 미술관에 가는가

01　성공한 리더들이 미술관에서 얻는 것들　　　　　　　018
02　왜 사업가가 예술을 알아야 하는가　　　　　　　　　023
03　고객의 문제를 해결하는 '아트 사고'　　　　　　　　027
04　시카고 미술관 부속 미술대학의 어느 실험　　　　　030
05　본질적인 질문을 던지다　　　　　　　　　　　　　033
06　메르세데스 벤츠 F015　　　　　　　　　　　　　　039
07　아무도 보지 못한 세계를 선점한다　　　　　　　　　043
08　천재 과학자와 아티스트의 공통점　　　　　　　　　047
09　미술관에서 질문을 찾다　　　　　　　　　　　　　051

10	노구치 체조와 어포던스	057
11	직감과 센스는 어디서 탄생하는가	062
12	자코메티가 바라보는 세계	065
13	패턴은 존재하지 않는다	069
—	*한 줄로 이해하는 현대미술 01*	074
—	*리더들이 반드시 알아야 할 현대 미술 개념 01*	077

PART 2
그들은 미술관에서 무엇을 보는가

01	상식을 의심하는 제로베이스로 생각한다	082
02	무엇이든 가능하다	087
03	눈에 보이지 않는 것을 표현하는 법	090
04	임팩트, 콘셉트, 레이어	094
05	[리더에게 영감을 주는 아티스트 1] 마르셀 뒤샹	099
06	[리더에게 영감을 주는 아티스트 2] 요제프 보이스	106
07	[리더에게 영감을 주는 아티스트 3] 앤디 워홀	113
08	미술 작품에서 관계를 배우다	120
09	아트와 비즈니스의 모호한 관계성	124
—	*한 줄로 이해하는 현대미술 02*	130
—	*리더들이 반드시 알아야 할 현대 미술 개념 02*	133

PART 3
실리콘밸리의 기업가는 미술을 어떻게 사용하는가

01	실리콘밸리의 혁신가들	**140**
02	조직에 아트를 도입하는 기업	**143**
03	탄광의 카나리아	**147**
04	왜 세계적인 기업가들은 현대미술을 좋아하는가	**151**
05	스스로 생각하는 훈련	**154**
06	말과 감각으로 이루어진 미술	**159**
07	모르기 때문에 재미있다	**164**
—	한 줄로 이해하는 현대미술 03	**167**
—	리더들이 반드시 알아야 할 현대 미술 개념 03	**168**

PART 4
그들은 미술관에서 자신을 마주한다

01	모든 경험은 작품이 된다	**172**
02	고독하거나 제멋대로인 존재	**176**
03	아티스트처럼 성공하는 법	**179**
04	세계의 흐름을 읽고 자신의 특징을 안다	**182**
05	어떻게 영감을 얻을 것인가	**187**
06	자신의 내면에서 솟아오르는 것을 마주한다	**190**
07	명작은 '일관성'으로 탄생한다	**195**
08	물건이 가진 촉감이나 매력의 재검토	**199**

09 로에베의 브랜딩 전략	205
10 최고의 자리에서 살아간다	209
11 페이스 투 페이스의 중요성	212
12 프로듀스 비즈니스	216
— *한 줄로 이해하는 현대미술 04*	224
— *리더들이 반드시 알아야 할 현대 미술 개념 04*	226

PART 5
아트, 돈, 비즈니스의 상관관계

01 아트, 돈, 비즈니스의 상관관계	230
02 현대미술은 왜 이토록 비싼 가격에 거래되는가	234
03 아트 시장에 한계는 없다	238
04 테크의 최전선을 달리다	243
05 예술 작품의 가치를 매기는 방법	247
06 아티스트는 어떻게 유명해지는가	253
07 프라이머리 마켓과 세컨더리 마켓	258
08 아트와 부동산 거래의 공통점	264
09 어떻게 아트에 투자해야 하는가	268
10 전위적인 작품을 바라보는 법	271
11 아트와 자본가들의 역사	275
12 작품의 본질적인 가치란 무엇인가	281
— *한 줄로 이해하는 현대미술 05*	283
— *리더들이 반드시 알아야 할 현대 미술 개념 05*	285

PART 1
왜 성공한 리더들은
아무리 바빠도 미술관에 가는가

#질문을 제기하는 능력
#상식으로부터 일탈
#사고의 비약
#최첨단 사고와 감성의 기술
#어포던스

01 성공한 리더들이 미술관에서 얻는 것들

비즈니스 관계자들이 꼭 아트를 알아야 하는 이유는 뭘까? 이 책을 읽으면 아트와 비즈니스의 놀라운 관계성을 알 수 있다. 아트는 아티스트들의 자유로운 발상에 따라 무한히 확대되어 왔다. 마찬가지로 우리가 살아가는 사회도 산업이나 과학의 발전으로 끝없이 커지는 중이다. 우리 인간에게 아트도 사회도 시대의 발전과 함께 변화하고 확산되는 것이다. 아트를 비즈니스 세계와 동떨어진 존재라고 생각할 수 있지만, 인간의 행위라는 높이에서 내려다보면 적지 않은 공통점이 떠오른다.

특히 지금처럼 불투명한 시대에는 상식에 얽매이지 않는 아트에 접근해 매사를 다시 파악하고, 때때로 재검토하면 생각지도 못한 해결책을 얻거나 새로운 길이 열릴 것이다. 그렇게까지 하지 않아도 아트의 지식을 폭넓게 얻으면 지금까지와 다른 관점으로 사회의 상황이나 인간 내면의 변화에 대해 배울 수 있다. 동시에 우리는 아트를 통해 자신과는 다른 세계의 모습을 상상하기도 한다.

비즈니스 세계에서는 지금까지 논리적 사고나 비판적 사고가 가장 중시되었지만, 그것만으로는 해결할 수 없는 문제가 계속 증가하고 있다. 예를 들어 자본주의 자체의 방식과 환경 파괴, 인종 차별과 민족 분쟁 등 사회가 진화하고 테크놀로지가 발달해도 사회를 뒤덮는 문제는 산더미처럼 존재한다. 이렇게 많은 사회 문제를 막연히 안고 있으면서 무엇이 원인이고 무엇이 과제인지 찾기 어려운 상황이 늘어나고 있다.

사업을 통해서 사회의 과제에 부응해 문제를 해결해 가는 비즈니스 세계도 이런 문제들이 관계가 없을 수 없다. 지금까지 이상으로 넓은 시야가 요구되고, 사회 정의에 의거한 비즈니스 자세가 필요하다. 나에게도 아티스트가 사고하는 방법에 흥미를 보이는 사람들이 강연이나 취재 요청을 해서 의견을 내는 일이 많아

Within Without 제임스 터렐 2010

지고 있다.

이 책에서 전하는 것은 단순한 문제 해결에 그치지 않는다. 아티스트처럼 사고하고, 혁신적인 발상을 얻기 위한 감성을 단련하는 구체적인 방법을 전달하고자 한다. 즉 기존의 사고법과는 다른 대안적인 발상으로 아트 사고를 습득하기 위한 방법론이다.

"지금 어떤 질문을 받고 있는가?" "과제는 무엇인가?"를 찾아가기 위한 사고법을 아트에서 얻으려면 어떻게 해야 할까?

나오시마의 지추 미술관과 가나자와 21세기 미술관, 한국의 뮤지엄 산, 호주국립박물관 등에 작품이 전시되어 있는 미국인 아티스트 제임스 터렐은 "아티스트란 답을 보여주는 것이 아니라 물음을 제기하는 사람이다."라고 말했다. 앞으로의 시대에 필요한 것은 답을 이끌어내는 힘 이상으로 올바른 물음을 제기할 수 있는 통찰력과 독특한 시점이다.

가까운 미래에는 인공지능, 로봇, 혹은 블록체인 같은 최신 디지털 기술이 우리의 업무 방식이나 생활을 크게 바꿔나갈 것이다. 그런 시대이기 때문에 다시금 인간의 존재 방식을 근본적으로 고민하고, 미래를 향해 어떻게 있어야 하는지 구상해 비즈니스를 구축해야 한다. 특히 현대미술은 현재의 인간상을 다각도로 생각하고, 미래를 향해 또 다른 가능성을 지닌 새로운 인간상을 찾아 인간의 개념을 확장하는 데에 도전하는 실험이라고 할 수 있다. 그렇게 생각하면 현대미술의 사고법에는 새로운 것에 도전하고, 창조적인 발상을 전개하고 싶어 하는 비즈니스 관계자에게도 많은 가능성을 준다고 볼 수 있다.

오늘날의 아트는 기존 인간의 내면세계를 표현할 뿐 아니라 테크놀로지와 디자인과 결합해 사회적인 과제에 새로운 제안을 하거나 현대 사상과 결합해 다음 시대의 사회 모습을 구상하는 사고 실험의 장이기도 하다. 감성에 호소하는 동시에, 논리적으로 전달하는 커뮤니케이션 도구로 실제 사회에서도 새로운 가치의 창조에 기여하는 존재이기도 하다. 그 출발점이 되는 아트 사고는 현 상황을 타개하고 기존과 다른 스테이지에서 활약하기 위해 꼭 필요하다.

02 왜 사업가가
예술을 알아야 하는가

최근 현대미술 열풍으로 사무실에 미술 작품을 장식하고, 미술관과 갤러리를 찾아다니는 경영자나 비즈니스 관계자가 많아졌다. 이 흐름은 아트의 매력을 재확인하는 좋은 기회가 되기도 하다. 실제로 지식과 교양 이상으로, 아트를 통해 자신을 갈고닦고, 본래 인간이 지닌 감성이나 감각이라는 자신의 잠재력을 끌어내는 것은 중요하며, 자신의 알려지지 않은 가능성을 끌어내는 방법으로 연결된다. 하지만 주의해야 할 점이 있다. 아트나 아티스트에게 배울 점은 많지만, 기본적으로 비즈니스와 아트는 크게 다르다.

아티스트는 경제적으로 성공했다고 해서 아트가 성공했다고 생각하지 않는다. 비즈니스는 매출액, 이익, 시가 총액 등의 지표를 기준으로 해야 회사를 경영할 수 있다. 비즈니스에서는 돈을 벌어야 성공이라는 기준이 성립된다.

그러나 아트에 요구되는 것은 경제적·사회석 성공이 아니라 끊임없는 자기 탐구다. 사회에 대한 문제 제기, 즉 새로운 가치를 제안하고 역사에 기록될 가치를 남기고자 하는 자세를 극한까지 추구하는 것이 아티스트의 열망이다.

이처럼 도달 지점이 다른 비즈니스와 아트는 언뜻 전혀 다른 세계이지만, 비즈니스에 관련된 사람에게 아트를 배워야 할 가치가 있다고 말할 수 있는 이유는 무엇일까? 인간 사회의 과제가 넓고 깊어져 가는 시대에서 비즈니스의 과제를 세우는 방법(비즈니스 모델)도 넓고 깊지 않으면 호흡이 긴 비즈니스로 존속할 수 없다고 생각하기 때문이다.

요즘 아티스트처럼 사고하는 '아트 사고'가 주목받고 있는데, 솔직히 말해 아트 사고의 본래 의미가 잘못 해석되어 있기 때문에 아티스트의 본래 능력을 낮게 추정하는 것에 강한 우려를 느끼고 있다. 이 책에서는 아티스트란 무엇인지, 아트란 무엇인지를 풀어가면서 비즈니스 관계자가 배워야 할 아트 사고의 본질을 전달하고자 한다.

결코 정답이 존재하는 것은 아니지만, 내가 나오시마 시절부터 만난 세계적인 아티스트들에게서 보이는 공통된 시각과 아트에 대한 자세까지 소개하면서 전 세계 제일선에서 활약하는 아티스트의 사고를 조금이라도 알리고 싶다.

비즈니스 관계자가 아티스트의 창조성과 사물을 보는 법을 배웠다고 해서 당장 그들과 같은 감성이나 사고법을 익힐 수 있는 것은 아니지만, 인생의 어딘가에서 막다른 골목을 만났을 때, 상식적이지 않은 다른 관점·시점으로 생각하고 싶을 때 예술은 분명 도움이 된다.

그림을 그리거나 감상하는 예술 체험은 일종의 '상식으로부터 일탈하는 행위'이기 때문이다. 아트는 어딘가 상식을 깨뜨린 곳에 있으며, 그 시대의 합리성이나 논리만으로는 측정할 수 없다. 우리는 저도 모르는 사이에 상식에 사로잡혀 있지만, 아티스트는 그런 것들을 가볍게 뛰어넘는다.

비즈니스의 혁신도 '상식으로부터 일탈하는 행위'에 의해 창출되는 것이 아닐까? 애초에 "아트가 비즈니스에 유용한가?"라는 물음이 제기되는 시점에 아시아에서 아트의 위치가 얼마나 특수한 것인지 알 수 있다. 대조적으로 서구에서는 비즈니스 지식인들에게 아트는 매우 가까운 존재다. 단순히 문화적인 교양으로 아트라는 영역에 머무르지 않는다. 어떤 경영자에게는 경영철학을 배우는 곳이거나 자신의 창조성을 비상시켜 더 갈고닦기 위한 대상이기도 하다.

혁신적인 발상을 하는 비즈니스 관계자라면 아트와의 궁합이 좋을 것이다. 비즈니스 관계자도 아티스트와 마찬가지로 창조적인 발상으로 일을 하는 것이 업무적으로 새로운 영역을 개척하는 데에 필요하기 때문이다.

03 고객의 문제를 해결하는 '아트 사고'

아트 사고에 대해 생각하기 전에 먼저 디자인 사고에 대해 생각해 보자. 이 두 가지는 전혀 다른 기법이다.

먼저 디자인 사고가 무엇인지 정리해 두겠다. 디자인 사고는 1987년에 건축가 피터 로위 Peter G. Rowe가 저서 《Design Thinking》에서 처음으로 저작물의 타이틀에 채택해 등장했다.

로위의 디자인 사고는 건축가 혹은 도시 계획 입안자가 이용해 온 문제 해결 프로세스를 시스템 사고를 바탕으로 설명하고자 하는 것이었다. 이후 1980년대부터 1990년대에 걸쳐 스탠퍼드 대학 교수의 데이비드 켈리 David Kelley가 디자인 사고는 "디자인을 통해서 인간의 곤란한 과제를 다루는 일."이라는 견해를 내놓으면서 비즈니스에 응용하는 것을 제창하기 시작했다. 즉 디자인 사고는 고객이 안고 있는 문제를 해결로 이끌기 위한 것으로, '내가 어떻게 하고 싶다.'가 아니라 '고객의 이익을 위해서 어떻게 해야 할까?'를 생각한다.

이 사고가 매우 합리적이며 유익하다고 느끼는 사람도 많을 것이다. 또한 시간을 가장 중요하게 생각하는 현대에 부합하는 효율적인 발상이며, 특히 제품의 개량이나 개선에서 중요한 기법이다. 그러나 이렇게 생각할 때 사람의 사고는 더 논리적이라는 것을 잊어서는 안 된다. 논리적이라는 것은 중요하지만, 논리적으로 생각하는 한 인간의 사고나 창조에는 제한이 생겨서 혁신적으로 발상할 수 없는 딜레마에 빠질 위험성이 있기 때문이다.

사용자가 최적의 답을 얻기 위한 과제 해결형 사고인 디자인 사고와 달리 아트 사고는 "애초에 무엇이 과제인가?"라는 문제를 만들어내고, "무엇이 문제인가?"라는 물음에서 시작하는 특징이 있다.

시애틀에 거주하는 일본계 미국인 그래픽 디자이너로 디자인과 테크놀로지의 융합을 추구하는 1인자, 존 마에다는 어느 잡지의 인터뷰에서 인상적인 답을 내놓았다.

"지금 혁신은 디자인 이외의 부분에서 살아날 필요가 있다. 간단히 말하면, 아트의 세계라고 할 수 있는 것이다. 디자이너가 창출하는 것이 해결책(답)인 데에 비해 아티스트가 창출하는 것은 물음이다. 아티스트는 다른 사람에게는 전혀 의미를 주지 않는 대의, 하지만 자신에게 그것이 전부라는 대의를 추구하기 위해 자기 자신의 안녕과 목숨까지 바치는 것도 드물지 않은 인종이다." (《WIRDE》 2012년)

사실 존 마에다가 제언한 것이 최근 디자인 세계에서도 일어나기 시작했다. 스페큘러티브 디자인(Speculative Design, 미래의 시나리오를 디자인하고, 다른 시점을 제시하는 디자인)이라는 개념이 주목받으면서 문제를 해결하는 것이 아니라 문제를 제기하는 디자인이 제창되기 시작했다.

세상의 문제를 해결하는 디자이너의 시대에서 자신만이 믿는 주관적인 세계를 세상에 묻는 문제제기형 아티스트의 시대로 바뀌려고 한다. 이는 답이 보이지 않는 요즘 시대에 디자인의 조류가 되고 있다는 현실을 알아야 한다.

04 시카고 미술관 부속 미술대학의 어느 실험

이미 1960년대 중반 올바른 물음을 제기하는 것의 중요성은 시카고 대학의 사회과학자 제이콥 게젤스Jacob Getzels와 미하이 칙센트미하이Mihaly Csikszentmihalyi가 근처의 시카고 미술관 부속 미술대학의 4학년생 약 40명을 피험자로 한 실험을 통해 제시했다.

먼저 학생들을 큰 테이블이 두 개 놓인 스튜디오로 데리고 갔다. 한쪽 테이블에는 기발한 것부터 평범한 것까지 회화 수업에서 자주 쓰이는 정물화 재료가 27개 놓여 있었다. 칙센트미하이는 학생에게 그중에서 몇 개든 좋아하는 것을 선택해 다른 테이블에 배치해서 정물화를 그리도록 지시했다. 그러자 젊은 예술가들이 대처하는 방식은 둘로 나뉘었다.

한쪽의 학생들은 소수의 재료를 검증하고, 그림을 빠르게 구상해 바로 정물화 그리기에 착수했다. 반면에 몇 개의 재료를 손에 쥐고, 몇 번씩이나 이리저리 배치를 고치는 데에 시간을 들여 그림을 구상하고, 그것이 결정되고 나서야 겨우 정물화 그리기에 착수한 학생도 있었다.

칙센트미하이에 따르면 전자의 학생은 문제를 '해결'하려는, 모티브의 나열보다 그림 그리는 방법을 문제 삼아 어떻게 해야 좋은 그림을 그릴 수 있을지 생각한 그룹이었다. 반면에 후자의 학생은 그림의 구상 자체에 시간을 들여서 자신이 납득할 때까지 모티브를 다시 배열했다. 즉 그림을 잘 그리느냐가 아니라 어떻게 자신이 원하는 세계를 제시할 수 있는지 주어진 모티브에서 찾고 있었거나 발견하려고 했던 그룹이었다. 후자는 학생 개개인이 안고 있는 자신다움이라는 문제를 '발견'하려 했다고 할 수 있다.

그후 칙센트미하이는 작은 미술전을 열어 미술 전문가에게 학생들의 작품 평가를 의뢰했는데, 문제를 제기하는 유형의 작품이 문제를 해결하는 유형의 작품보다 훨씬 창의적이라는 평가가 내려졌다.

이후 졸업해 사회인이 된 피험자 학생들을 추적 조사해서 생활의 실태를 조사했다. 그러자 시험자의 절반은 미술의 세계와 인연이 끊어져 있었지만, 다른 절반은 전문 예술가로 일을 하고 있었으며, 거의 전원이 문제를 제기하는 유형이었다.

　이를 통해 시카고 대학의 사회과학자 두 사람은 스스로 물음을 만들어 내는 힘이야말로 작품의 창조성이나 독창성과 관계가 있다고 결론지었다.

시카고 아트 인스티튜트

05 본질적인 질문을 던지다

본질적인 물음을 던져 새로운 혁신을 일으키는 시도는 이미 아트의 세계에서 이루어지고 있다.

2012년 베네치아 비엔날레와 함께 세계적인 규모의 대규모 국제전 〈도큐멘타 13〉에 디자인 엔지니어링 집단 타크람Takram이 출전한 작품 〈Shenu: Hydrolemic System〉이 전형적인 예시다. 이 작품은 '황폐한 미래의 물병을 디자인한다'는 과제에 타크람이 생각한 답을 내놓은 것인데, 타크람이 제작한 것은 고기능의 물병이 아니라 인공장기를 중심으로 한 제품군이었다.

타크람이 고안한 작품의 한 제품군은 물의 손실을 억제하기 위해 제휴해서 기능하는 구조로 되어 있었다. 이 인공 장기를 가진 사람은 없는 사람보다 물 섭취를 제한할 수 있다. 인체가 필요로 하는 수분을 극한까지 억제해 체내에 머무르게 하는 시스템이다.

이를 구체적으로 설명하자면 "생명 유지에 필요한 최소한의 영양분과 호르몬, 32밀리리터의 수분을 함유한 알사탕을 하루에 다섯 알 섭취한다." "코로 하는 호흡에 포함된 수분을 결로시켜 체내에 붙잡아두는 비강 내 기구." "혈액의 온도를 일정하게 유지하고 발한을 억제하기 위한 인공혈관." "방광 내 소변을 극한까지 응축해서 얻은 수분을 신장으로 돌려주는 방광 내 기구." "대변에 포함된 수분을 효율적으로 대장에 흡수시키는 직장 내 기구."라고 할 수 있다(Takram HP에서).

그렇다면 왜 황폐한 미래의 물병을 디자인하는 과제에 인공 장기라는 해답으로 사고를 비약시킬 수 있었을까?

여기서 이 의문을 설명해 보겠다. 그렇게 하면 아트에서 물음을 제기하는 행위의 근저가 되는 사고방식을 이해해 주지 않을까 싶기 때문이다.

타크람은 리서치와 분석을 반복한 결과, 수질오염 등으로 공급 가능한 물이 극단적으로 한정된 미래 세계에서는 현재 상황의 연장선에 있는 물통을 고안하는 것이 현실적이지 않다고 판단했다. 잘 생각해 보니 절박한 환경에서 인간이 하루에 배설, 배출하는 수분을 극한까지 줄이면 인체가 필요로 하는 수분을 조금이라도 줄일 수 있다는 결론에 이른 것이다.

그럼 인체가 수분을 필요로 하지 않게 하려면 어떻게 해야 할까? 그 물음이 결국에는 인공장기를 포함한 새로운 제품군으로 열매를 맺은 것이다.

"황폐한 미래에 인간이 사는 데에 필요한 수분을 어떻게 확보해야 할까?"라는 본질적인 물음에 대해 고기능 물통을 만드는 것이 아니라 발상을 크게 비약시켜 "인간의 신체 자체를 물통으로 만든다."라는 아이디어를 창출해 완전히 새로운 형태의 인공 장기를 제안한 것이다.

이렇게 전체적으로 바라보는 시점에서 물음을 제기하면 사고의 비약이 가능해진다. 아트는 최첨단 사고와 감성의 기술이다. 이 이야기를 듣고 고작 미래의 물통을 디자인하는데 굳이 인간의 신체를 개조할 필요가 있나 싶은 사람도 있을 것이다. 또한 인간의 신체를 바꾼다는 난폭한 상상력에 윤리적인 위기감을 느끼거나 상식에서 벗어났다고 생각하는 사람도 있을 수 있다.

베니스 비엔날레 전경

그러나 이 제안은 100년 후 파괴적인 사건이 일어난 뒤의 디스토피아 지구를 가정한 것(상당히 실감나지만)이며, 그런 상황을 진지하게 탐구해서 리서치와 분석을 반복하면서 나온 아이디어다. 이런 것에 대해 자유롭게 가능성을 검토하고, 냉정하게 재미와 약점을 지적할 수 있는 재치가 필요하며 동시에 윤리적, 철학적으로도 견딜 수 있는 정신을 단련해야 한다. 그러려면 자신의 마음속에 존재하는 굳어진 가치관의 제한기를 떼어내야 할 것이다.

06   메르세데스 벤츠
     F015

그렇다면 아트를 통해 제시되는 물음은 산업계에 어떤 경제적 영향을 미칠까? 그 해답을 오스트리아 린츠에서 매년 9월에 개최되는 예술·첨단기술·문화 축제, 미디어 아트의 세계적인 행사로 알려진 아르스 일렉트로니카 페스티벌에서 볼 수 있다.

2018년, 이 페스티벌에 54개국에서 1,300명이 넘는 아티스트가 집결해 12개의 전시장에서 작품을 전시했고, 역대 최대인 10만 5,000명이 방문했다. 메인 전시장으로 이용되는 아르스 일렉트로니카 센터는 연구 개발 기관과 미술관이라는 두 가지 측면을 지닌다. 다양한 전문성을 갖춘 사람들이 퓨처랩이라 불리는 연구 개발기관에서 연구하거나 개별 주제를 가진 오픈랩이라고 불리는 참가형 시설에서 전시를 진행했다.

아르스 일렉트로니카의 연구 기관인 퓨처랩에서는 한해 내내 미디어 아티스트들이 제기한 문제를 해결하려고 몰두하는 모습을 볼 수 있었다. 특별히 언급할 만한 것은 다임러Daimler와의 공동 연구가 이루어져 사람과 자율주행차와의 커뮤니케이션 방식을 모색한 것이었다.

그 결과 메르세데스 벤츠의 자율주행 콘셉트카 'F015'가 완성되었다. F015에는 자율주행차가 사람의 존재를 인식하면 레이저 라이트로 노면에 횡단보도를 만드는 기능이 탑재되어 있다. 시가지 등에서 도로를 건너려는 사람이 감지되면 정차해서 레이저 광선으로 전방에 횡단보도를 그려내고, 나아가 후방 차량에 빨간색 STOP 글자를 표시해 주의를 환기하는 기능이다. 그래서 보행자가 "먼저 가세요."라는 제스처를 취하면 F015는 "고마워요."라고 반응하고 다시 출발한다.

이처럼 지금까지 창 너머로 운전자가 하던 "먼저 가세요."라는 커뮤니케이션을 자동차가 대신한다. 자율주행이 당연시되는 사회에 필요한 커뮤니케이션은 무엇일까? 이 기능이 그런 물음에

1 벤츠의 무인자동차 F015
2 무인자동차 F015의 내부

대답을 제시한다.

NTT도 자사가 가진 인공지능이나 미디어 처리 기술 등의 최첨단 테크놀로지와 퓨처랩의 기술을 융합시킨 새로운 콘셉트를 만들거나 연구를 추진하고 있어서 향후 과제로 내건 '깊은 감동, 새로운 체험, 극진한 대접'의 실현을 목표로 하고 있다.

이것은 디스플레이를 탑재해 지상을 달리는 로봇(그라운드 봇)이나 수천기의 드론으로 Swarm(무리)을 사용해 공공 공간에서 내비게이션이나 새로운 스포츠 관전을 제공하는 프로젝트로, 2020년 도쿄 올림픽에서 선보이기도 했다.

아트가 사회 문제를 명확히 해서 새로운 물음을 창출하고, 다음으로 테크놀로지가 문제를 해결하는 이런 활동이 이미 아르스 일렉트로니카 센터에서 이루어지고 있었다.

이처럼 아트가 다양한 사회 문제을 해결하는 데 기여하기 시작한 것이다. 이는 언어만으로는 설명할 수 없는 현상이 급증하고, 과제가 산적한 현대사회에서 아트의 역할이 부각되는 사건이다.

07 아무도 보지 못한 세계를 선점한다

전 세계 아티스트들과 접하면서 실제로 놀라는 것은 그들이 예민한 후각으로 시대를 포착하고, 생각지도 못한 발상으로 아트를 표현한다는 점이다.

내가 일을 함께 한 현대 아티스트 중에는 그런 작가들이 많았다. 그중 한 명인 일본의 야나기 유키노리柳幸典는 세계가 정치, 경제, 문화 등 다양한 차원에서 글로벌화되고 유통화된 1990년대부터 2000년대까지의 국제사회 이미지를 시각화했다.

야나기의 〈더 월드 플래그 앤트 팜The world Flag ant Farm〉이라는 작품은 당시 100여 개 나라들의 국기를 모티브로 하고 있다. 각각의 국기는 색을 입힌 모래로 만들었고, 그곳에 살아 있는 개미가 서식하고 있다. 무수한 개미는 날마다 집짓기를 반복한다. 그때마다 국기는 모양이 바뀌고, 그중에는 원형을 유지할 수 없을 정도로 변형된 국기도 나오는데, 일개미들은 그것을 전혀 알지 못하고 돌아다닌다. 이 작품을 내려다보는 우리에게는 국가가 무너지고 세계가 유동화되는 모습이 유머가 섞인 생생한 사건으로 비친다.

현대는 아프리카 국가들처럼 내전으로 나라의 모습이 없어지고, 대량의 난민이 생겨나는 시대이기도 하고, 세계화로 국경을 넘어 사람과 물건이 계속해서 이동하는 물류 시대이기도 하다. 야나기는 사회 변화를 실감할 수 없었던 시대에 세계화가 내포하는 위험과 긴장을 빠르게 작품으로 시각화한 것이다.

이것은 단적인 예시이지만, 시대 변화를 빠르게 알아차린 야나기의 직감력과 그것을 이미지로 만드는 능력은 참으로 놀랍다. 앞으로 비즈니스의 세계에서 중요시되는 혁신도 그렇게 일반 사람은 생각지도 못한 발상에서 생겨나는 것이 아닐까?

나는 아티스트를 흔히 '탄광의 카나리아'에 비유한다. 그들은 아직도 많은 사람이 보지 못하는 것을 빠르게 눈으로 보고, 들리지 않는 것을 들으면서 언어로 표현할 수 없는 것을 형태와 이미

아트 프로젝트로 탈바꿈한 나오시마

지로 바꾸어 전달한다. 실제로 뛰어난 아티스트는 감도 좋은 야생동물처럼 시대의 변화를 피부로 느낀다. 그런 아티스트의 시대 감각은 수십 년 앞서거나 너무 빠른 경향도 있다. 하지만 잘 조절하면 비즈니스에도 활용할 수 있을 것이다.

앞으로는 그런 아티스트 같은 사고법이 새로운 가치를 창출하고 세계를 바꾸어 나가는 원동력이 되지 않을까?

새로운 가치의 창조라고 하면 바로 가가와현의 나오시마가 그

랬다. 나오시마는 미츠비시 머티리얼 제련소 이외에 별 특징이 없는 섬이었지만, 아티스트들은 그때까지 가치가 없다고 일컬어졌던 섬의 풍경이나 거리에서 가치를 찾아내, 그것을 현대미술의 힘으로 진면에 내세워 한층 더 가치를 높였다. 나오시마가 해외에서 받은 평가의 핵심은 바로 미적·문화적 가치를 창출했다는 점이며, 해외 문화인은 그 독창성과 창의성을 높게 평가하는 것이다.

이처럼 '사람이 보지 못하는 세계'를 선점하는 것이 독창성을 낳는 발상의 원점이 되고 있다고 할 수 있지 않을까?

08 천재 과학자와 아티스트의 공통점

아트와 과학의 놀라운 관계성도 언급하고 싶다. 물과 기름 같은 세계라고 생각하기 쉬운 아트와 과학이 서로 어떻게 공명하는지 보여주는 사례다.

일단 과학부터 보자면, 뉴턴Newton의 만유인력 법칙의 바탕이 되는 '나무에서 사과가 떨어졌다'는 에피소드는 많은 사람에게 이미 알려진 이야기다. 뉴턴은 '애초에 왜 물체가 나무에서 떨어지는 것일까?'라고 그때까지 당연하게 여겼던 상식을 의심해 놀랍고 새로운 사실로 변환했다.

코페르니쿠스Copernicus의 지동설도 당시에는 할 수 없는 발상이었다. 그러나 코페르니쿠스는 어떤 계기로, 고대 그리스의 피

타고라스파가 주장하던 지동설이 사실임을 깨달았다. 게다가 지구가 태양 주위를 돌고 있다는 가설에 따라 여러 가지를 검증해 갔다. 그 결과 지동설로 전부 증명할 수 있음을 알았다.

사실 일류 과학자의 사고회로는 일류 아티스트와 몹시 비슷하다고 볼 수 있다. 이전에 나는 최첨단 과학자와 아티스트가 대면하는 모임에 참석한 적이 있었는데, 그곳에서 본 광경은 놀라웠다.

언뜻 직감과 감성을 활용하는 아티스트와 데이터를 활용하는 과학자는 물과 기름 같은 관계로 보이지만, 두 사람은 바로 의기투합했다. 과학자가 말하기를, 자신들이 평소 당연하게 생각하는 것을 아무리 정중하게 이야기해도, 일반인은 쉽게 이해하지 못하지만, 아티스트는 그들의 사고를 이해해 준다고 한다. 반대로 일반적으로 알기 어려운 아티스트의 말도 과학자는 쉽게 이해한다. 양쪽 모두 이미지를 매개로 한 커뮤니케이션이 존재하기 때문이다. 〈모나리자〉로 알려진 레오나르도 다빈치는 뛰어난 과학자이기도 했다. 과학과 아트에는 직감, 영감, 비전과 같은 사고가 필요하고, 그것은 이미지를 매개하는 경우가 많다.

아트와 과학의 친화성이 높다는 사실은 미국에서 실제로 아트를 이용해 과학을 시각적으로 파악하고, 공감할 수 있는 형태로

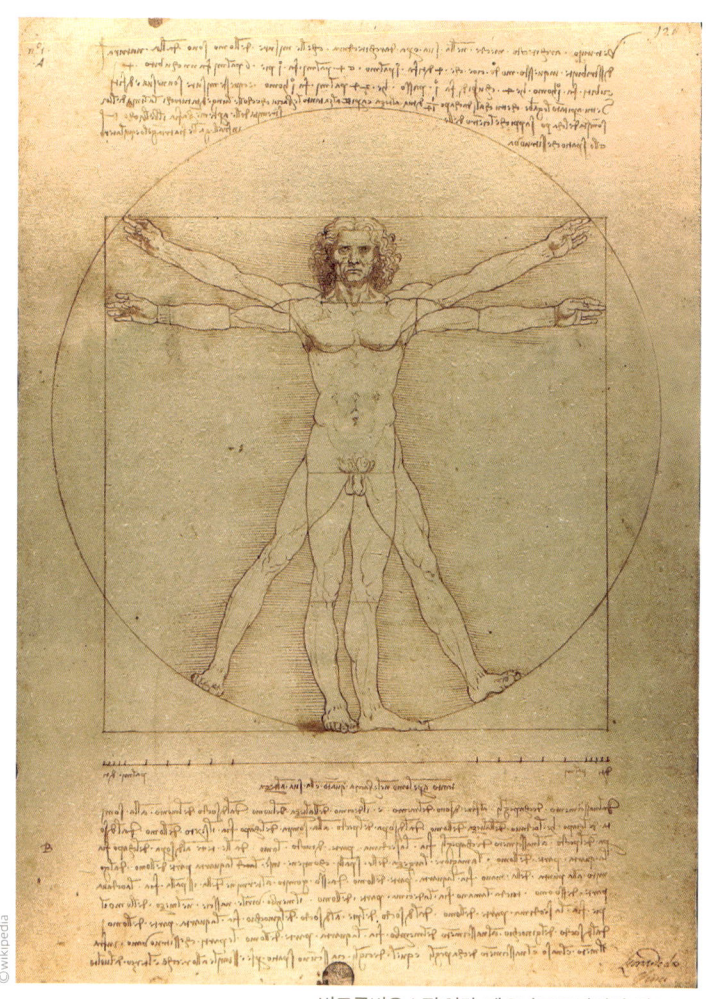

비트루비우스적 인간, 레오나르도 다빈치, 약 1492

전달하려는 시도가 시작된다는 점에서도 알 수 있다. 감상자에게 직관적, 감정적인 반응을 일으켜서 말로는 설명할 수 없는 아이디어라도 아트를 사용하면 말보다 더 올바르게 전달될 수 있을 뿐 아니라 기억에도 남기 쉽다는 것을 알았기 때문이다. 창의성 연구를 전문으로 하는 심리학자 미하이 칙센트미하이의 저서 《창의성의 즐거움》에서 다음과 같은 내용을 발견했다.

"우리 중 상당수는 음악가, 작가, 시인, 화가 같은 예술가들이 공상적인 측면이 강하고, 과학자, 정치인, 경영자들은 당연히 현실주의자라고 생각한다. 일상적인 활동에서는 이것이 진실일지도 모른다. 그러나 사람이 창조적인 일을 시작하면 모든 것이 백지화된다. 예술가는 물리학자만큼 현실주의자가 되고, 물리학자는 예술가만큼 창조적일 수 있다."

과학자에게는 예술가와 같은 창조적인 재능이 필요하고, 예술가에게도 과학자와 같은 현실주의적인 시점이 필요하다. 이 두 가지를 모두 사용할 수 있는 사람이 진정한 과학자이자 진정한 아티스트라고 할 수 있다.

09 미술관에서 질문을 찾다

그렇다면 물음을 찾아내는 센스는 어떻게 길러야 할까? 여기서부터는 이야기가 조금 어려워지는데, 조금 참고 읽어 주길 바란다.

가장 먼저 해야 할 일은 자신의 혼탁한 눈을 깨끗이 하는 것이다. 우리는 우리 자신을 둘러싼 외부 세계를 제대로 이해하고 있다고 생각하지만, 일단 그것이 잘못임을 깨달아야 한다. 우리가 보고 있다고 믿는 것은 정말 보고 있는 것이 아닐 가능성이 크기 때문이다. 적어도 어떤 것에도 영향을 받지 않은 맨눈으로는 볼 수 없다.

예를 들어 미술사를 배우면 인류는 눈에 보이는 세계를 파악하기 위해 다양한 인식 패턴을 발명해 왔음을 알 수 있다. 점, 선, 면, 원, 사각형, 삼각형은 인간이 발명한 기하학적인 도형이며 사람은 이를 이용해 세상을 시각적으로 파악한다. 또한 윤곽선, 음영법, 원근법이라는 기법을 사용해 마치 진짜처럼 사물이나 사람을 나타낸다. 공간을 파악하기 위한 개념도 마찬가지라서 모두 시각 인식을 위해 인간이 발명한 인식 패턴이다. 그것은 실제로 자연계에 이런 형태가 존재하지 않는다는 것으로도 이해할 수 있다. '정말인가?'라고 생각할 수도 있지만, 진실이다. 선은 존재하지 않으며, 윤곽선도 원근법도 인간이 만들어 낸 가공의 아이디어다.

그 증거로 컴퓨터 그래픽용 소프트웨어를 사용하면 현실에 존재하지 않는 장소를 얼마든지 그럴듯하게 3차원적인 표현으로 그려낼 수 있다. 표현이 어렵다고 하는 인물도 처음부터 만들어 낼 수 있다. 실제 현실 세계와의 대응 관계가 없어도, 가공의 풍경이나 인물을 지금까지의 시각 조형상의 인식 패턴을 활용하면 얼마든지 만들어낼 수 있다. 이렇게 시각 인식 패턴이 밝혀져 회화적인 기법으로 프로그램화되었고, 애니메이션 등에서 활용하고 있다.

이는 타고난 시각 기능을 활용해 인식하는 것과는 다른, 사람이 성장하는 과정에서 교육된 인식으로 문화적인 눈이라고 해야 할 것이다. 이 가공물을 진짜처럼 인식하는 메커니즘이 인간에게 시각적으로 다양한 이미지를 불러일으켜 인식의 도약(오류)을 낳는다. 여기서 전달하고 싶은 것은 시각 기관이 매우 교육받기 쉬우며, 문화적으로 쉽게 영향을 받는다는 점이다. 그래서 이미지를 자유롭게 펼칠 수 있음을 알아주기 바란다.

우리는 평소 인간이 만들어낸 문화라는 껍질에 싸여 살고 있지만, 그것을 의식하는 일은 거의 없다. 문화는 공기처럼 우리를 둘러싸고 있을 뿐 아니라, 이미 몸에 배어 있기 때문에 의식하지 못한다.

다만 이것은 사물을 생각할 때 상식이라는 벽이 되기도 한다. 특히 새로운 것을 보거나 생각하는 경우 저도 모르게 상식이라는 껍질에서 벗어나지 못하고 그 안에 머무르고 만다. 이미 기존의 문화가 각인되어 있기에 그것을 자신의 의식에서 떼어내고 대상화해서 의심하기가 어렵기 때문이다. 평소 무의식적으로 할 수 있는 행동이 오히려 '왜 그렇게 되어 있을까?'라고 의심하는 것을 허용하지 않기 때문이다.

이렇게 습관화된 문화가 나쁜 것처럼 말했지만, 사실 일방적으로 나쁜 것은 아니다. 습관화된 상식이 있기에 우리는 사회에서 어려움 없이 살아갈 수 있다. 그런 보수성이 없으면 사람은 사회 속에서 가치관을 공유할 수도, 사회생활을 원활하게 영위할 수도 없다. 문화는 기본적으로 그때까지 만들어진 가치와 관습을 지키는 방향으로 작용하는 보수적인 경향이 있으므로 일정한 사회를 유지할 수 있다. 그러나 한편으로 새로운 발상이나 혁신을 일으키려고 할 때는 방해가 되는 장벽이기도 하다.

앞서 말한 시각과의 관계를 말하자면, 인간의 문화적인 활동을 발전시키는 데에 가장 기여한 기관이 시각이다. 인간이 만들어낸 진정성을 통해 많은 사람이 가치와 이미지를 공유하고, 문화를 형성하는 역할의 대부분을 시각이 담당해 왔다.

우리는 가공의 선과 면 등으로 이루어진 회화나 애니메이션을 그럴듯한 것으로 인식해서 공통의 이미지를 품는다. 시각은 문화와 상성이 가장 좋은 기관이다. 그렇기 때문에 시각 세계에 혁신을 일으키는 것이 문화에 혁신을 일으키는 것으로 이어진다.

현대 아티스트가 어째서 시각 세계에 혁신을 일으킬 수 있는지, 또 그것이 왜 새로운 이미지로 공유되고 있는지는 현대 아티스트의 역할이 오래된 관습에 얽매이지 않는 관점을 창조해서 혁신을 일으키는 것임을 설명하고 있다. 흔한 의심으로는 상식의 벽을 무너뜨릴 수 없다는 것이 이해된다. 이런 것을 타파하려면 교육되지 않은, 관습화되지 않은 맨눈이 필요하게 되었다. 달리 말해서 야생의 눈이라고도 할 수 있는데, 뛰어난 아티스트는 대개 야생의 눈을 가지고, 혁신을 일으키고 있다. 현대 아티스트는 다양한 것에 의심의 시선을 돌려서 항상 자문자답하고, 흐린 유리를 닦듯이 보는 능력을 쇄신하고 있다.

사실 상식의 함정에서 벗어나는 것은 아트 사고를 실천하는 데에 빼놓을 수 없다. 아티스트가 보는 세계는 일반인이 인식하는 세계와 다르다. 본질적으로 남들과 달리 애초에 개성적이라는 차이도 있지만, 그뿐 아니라 아티스트는 평소 전문적으로 훈련을 해서 외부 세계의 인식에 부단히 변화를 주려고 한다.

아티스트와 같은 눈을 얻으려면 무엇을 해야 할까? 바로 시각이 아닌 지각과 인식에 다시금 의식을 돌리는 일이다. 다른 신체 기관인 촉각, 미각, 청각 등도 포함해서 신체 전체로 지각하는 데에 신경을 쓰는 일, 즉 외부 세계와 직접 마주하는 것이다. 외부 세계와 접촉을 통해 정보를 직접적으로 얻어야 한다.

생물이 진화해 온 과정을 보면 인간과 같은 눈(시각)은 모든 생물에게 존재하지 않음을 알 수 있다. 그러나 신체가 없는 생물은 존재하지 않기 때문에 신체 감각 쪽이 원시적이고 근원적이다.

그래서일지도 모르지만, 신체 감각이 인식 세계에서 의식되는 일은 드물고, 거의 자각하지 못한다. 예를 들어 걸어서 피곤하지 않으면 발과 그 접지면인 지면을 강하게 의식하지 못하며, 수영을 잘하는 사람은 몸과 물의 관계를 자각하기가 어렵다. 이처럼 뇌 속의 인식에 올라오지 않는 신체 감각이지만, 현실과의 대응 관계라는 점에서 시각 세계보다 직접적이고 확실한 면이 있다.

의식되지 않는 지각이라고 해서 반드시 사용하지 않는 것도 아니고, 느끼지 않는 것도 아니다. 이런 흥미로운 실험 결과가 있다. 아기와 모니터 너머로 의사소통을 해도 아기는 자기 자신의 경험으로 지각하지 않는다. 즉 사람이 실제로 아기를 안아주거나 얼굴을 보여주거나 말을 걸면 아기에게 비로소 경험으로 축적된다.

이 실험을 통해 알 수 있는 것은 오감에 의한 지각이 얼마나 중요한가 하는 문제다. 시각 세계는 공상적인 이미지나 개념 등을 구축하고, 다른 사람과 교환한다는 의미로는 기능하지만, 시각 기능만으로 무조건 세계를 다 파악할 수 있는 것은 아니다.

10 노구치 체조와 어포던스

신체의 중요성은 불교의 수행이나 무도의 단련에서도 볼 수 있다. 도쿄 예술대학 명예교수이자 노구치 체조(인간이 잠재적으로 지닌 가능성을 최대한 발휘하는 것을 목적으로 하는 건강 운동법 – 역주)의 창시자인 노구치 미치조野口三千三가 지닌 신체의 사고방식에서도 이 문제를 지적한 것을 살펴볼 수 있다. 인간을 원초 생명체로 파악하고, "살아 있는 인간의 몸은 신축성이 자유롭고 크고 작은 무수한 구멍이 뚫려 있는 피부라는 자루 속에 액체 같은 것이 가득 들어 있고, 그 속에 뼈도 근육도 내장도 떠 있다."라는 지금까지의 신체론과는 다른 견해를 주장했다.

현대 신체론의 대세인 뼈와 근육을 중심으로 한 신체 기계론에서 보면 상당히 독특한 시점이다. 피부를 외부 세계와 내장 사이에 존재하는 부드러운 막으로 보고, 그 피부가 주머니 모양의 용기가 되어 그 안에 여러 가지 장기가 떠 있다는 이미지다.

이런 사고방식에 영향을 받은 전위 무도가들이 다수 존재하며 독특한 활동을 하고 있다. 또 도쿄 예술대학 출신의 아티스트들은 노구치가 이 대학에서 가르친 적도 있어서 크든 작든 영향을 받았다.

내가 학생이던 시절 노구치도 현역으로 체육 수업을 하고 있어서 몸을 늘어뜨리거나 몸의 무게와 탄력을 살리면서 몸을 사용하는 법을 배웠다. 실제 움직임이 조금 부끄러워서 쑥스러워하면서 했던 기억이 있다.

신체에 대해 현대 스포츠가 추천하는 뼈와 근육이 튼튼한 신체에 의문을 품는 사람은 없을 테지만, 이런 근본적인 부분부터 의심하면 육체에 대해서도 전혀 다른 이미지를 지닐 수 있다. 이런 시점이 있다면 고정관념을 버리는 것에 한 걸음 다가갈 것이다.

생물학에서는 신체성에 대해 환세계라는 개념으로 개체와 세계의 관계를 밝히고 있다. 독일의 생물학자이자 철학자인 야코브

폰 윅스쿨 Jakob von Uexkull은 이렇게 말했다.

"모든 생물은 자신이 가진 지각에 따라서만 세계를 이해하고 있으므로 모든 생물에게 세계는 객관적인 환경이 아니라 생물 각자가 주체적으로 구축하는 독자적인 세계다."

즉 벌레에게는 벌레의, 아메바에게는 아메바의 독자적인 지각 세계가 있다는 것이다. 그렇다면 우리가 인식하고 상식으로 공유하고 있는 객관적인 세계는 허구일지도 모른다.

"이해란 오해를 말한다. 오해 이외의 이해는 사실로 존재하지 않는다."라고 노구치는 말했다.

우리가 사실로 받아들이고 공유하는 세상은 의외로 우리 자신의 손에 의해 만들어진 가상 세계가 아닐까 생각할 수도 있다. 세계가 가짜라고 말하는 것이 아니다. 그것을 인식해 가는 단계에서 사용하는 개념, 파악하는 방법이 허구라고 의심할 수도 있다는 말이다.

또 하나 매우 독특한 지각론을 신체를 통해 생각하는 사람이 있어서 소개하겠다. 제임스 깁슨 James Gibson은 연구를 통해 현대

심리학에서 지각론을 추구했다. 깁슨은 환경이 우리의 지각과 행동에 미치는 영향을 최초로 연구한 심리학자로, 이 영향을 '어포던스(Affordance, 행동유동성)'라고 이름 지었다. 어포드는 '제공하다'라는 뜻으로, 깁슨은 환경과 사회가 사람의 인지에 어떻게 영향을 주는지 이론을 구축했다.

일본에서는 깁슨에 관한 연구의 일인자인 전 도쿄 대학 교수 사사키 마사토가 '등산의 보행'이라는 알기 쉬운 사례를 들어 어포던스에 대해 설명했다.

"보행의 뜻은 동물의 내부에 있다고 여겨졌다. 그런데 보행 어포던스라는 것은 동물에게 걷는 것을 가능하게 하는 환경의 성질을 가리킨다. 그것에 이름을 준다는 것이 발상의 전환이다. 등산을 하면 표면이 울퉁불퉁한 암벽이나 반들반들해서 미끄러운 곳 등 여러 장소가 있어서 한 걸음 한 걸음 발 디딜 곳을 찾아 이동한다. 그때 항상 자신의 이동을 가능하게 하는 산 표면의 성질을 찾을 것이다. 만약 만보를 걸어 정상에 도달했다면 체중을 지탱하고, 이동을 지지하며, 한 걸음 걷는 것을 가능하게 하는 산 표면의 의미를 만 개의 스텝 각각에 사용했을 것이며, 그 모두가 이동을 지탱해준 어포던스다.

이것이 동물의 보행이라는 의미다. 주위에 있는 환경의 일부를 걷는 것에 이용할 수 있다는 관점은 자신의 키, 체중, 운동 능력을 통해 보이고 있으므로 단순히 객관적 환경은 아니다. 동물의 행동 성질과 주위의 성질이 함께 포함된다." (《생명지 저널》 2002년 겨울호)

깁슨은 애초에 매사의 의미와 가치 그 자체는 자신이 만드는 것이 아니라 자신을 둘러싸고 있는 주변(사회, 환경)과 자신의 사이에서 형성되어 간다고 생각했다.

조금 전 사사키가 예로 든 '등산의 보행' 사례에서 말하자면 사람이 산 표면의 성질을 찾으면서 최적의 신체 움직임을 신체 감각으로 찾아가는 과정이 어포던스적인 자세라고 할 수 있다.

어포던스적인 지각을 중심으로 자신과 세계의 관계를 생각하면 생물학의 환세계 관계법, 혹은 노구치 체조의 신체론 쪽이 자연스럽다. 오히려 시각과 뇌를 중심으로 한 인지 과학은 상당히 허구적인 세계 위에 성립되어 있다고 느껴지지 않는가?

11 직감과 센스는
어디서 탄생하는가

그렇다고 해도 뇌와 시각의 인지 시스템이 주류이며, 우리는 그곳에서 만들어낸 객관적인 인식 프레임을 활용해 진화해 왔다. 그것을 과학적이라고 해도 좋고, 근대적이라고 해도 좋지만, 이를 공통의 인식 프레임으로 해서 산업을 일으키고, 문화를 만들고, 생활을 영위해 왔다.

그런데 이런 장대한 인류사 속에서 우리는 현대라는 말단에 덩그러니 놓여 있기 때문에 모든 것을 의심하라고 해도 인류가 영위하는 모든 것을 총망라해서 재검토하는 것은 절대 가능한 일이 아니다.

상식은 상식으로 익히면서도 다른 시점을 지닌 사람들이 있음을 받아들인다. 그리고 한 걸음 더 나아가 새로운 시점을 겸허하게 배워가는 것이 시야를 넓힐 기회가 되지 않을까? 그것이 비록 일종의 광기 같은 아이디어처럼 보일지라도 다른 시점을 배울 좋은 기회라고 할 정도의 여유로운 마음은 유지하는 것이 바람직하다.

실제로 지금까지 살펴봤듯이 AI와 인간의 지각 격차, 근대 스포츠와 노구치 체조로 보는 신체 이미지의 차이, 인지 과학에서 보는 뇌와 신체의 차이 등 얼핏 해명되었다고 생각되는 세계에서조차 몇 개의 이미지를 동시에 지니고 있다.

일단은 다른 생각에 접했을 때, 서로 몇 가지 메우기 어려운 괴리가 있음을 알고, 그것은 그것대로 지금까지와는 다른 시점을 지닐 수 있다고 생각해 본다. 세계에 인식의 균열이 있음을 아는 것이 새로운 발견을 낳는 기회가 된다.

왜 아티스트들은 세계를 의심하고, 다른 관점으로 사회나 세계를 파악하려고 할까? 그것은 스스로 세계와 직접 접촉하기를 원하기 때문이다.

아티스트들은 역사적인 시야 속에 자신을 두고, 자신의 삶을 통해 새로운 관점을 역사에 더하고자 매일 노력한다. 그리고 뛰어난 아티스트는 어떤 성과를 내고 있는 사람들이다. 그래서 그들의 작품을 통해 아티스트의 사고를 간접 체험해서 지금까지 말한 것처럼 완전히 새로운 관점을 배울 수 있다.

고흐는 왜 그렇게 원색적인 그림을 그렸는지, 모네는 왜 수면만 그렸는지, 피카소는 왜 기괴한 형태로 인간을 그렸는지, 그 배경의 사고방식을 이해한다면 시점의 독특함에 대해서도 이해할 수 있다. 아티스트들의 직감이나 센스의 기원은 그야말로 몸과 마음을 다해 세상과 마주하며 살아가는 것에 있고, 우리는 그것을 단순한 지식이 아니라 간접 체험하듯이 알게 되어 본질을 파악할 수 있다.

12 자코메티가 바라보는 세계

현대미술 세계에서 유명한 아티스트, 알베르토 자코메티를 살펴보자. 최근 대규모 기획전이 열려서 그의 작품을 어디에서 본 적 있는 사람도 많을 것이다.

자코메티는 회화와 조각을 만드는 아티스트로, 인물의 머리를 그리거나 인물의 조각을 제작한다. 그의 표현은 눈앞에 인물 모델을 두고, 움직이지 않도록 주의해서 모방하듯이 그린다. 눈앞의 인물 모델에는 당연히 눈과 코가 있고, 머리카락이 자라고 있다. 그러나 그가 충실하게 베낀 인물은 전혀 사실적이지 않다.

그의 작품은 철사처럼 가느다란 막대기 모양의 인물로, 중앙

서 있는 여자, 알베르트 자코메티, 1947~1960

에는 작은 머리가 있고, 목과 가슴, 다리까지 가늘게 늘어져 있다. 기형적으로 신체가 얇게 표현되어 있어, 이는 실제로 보이는 사람의 형상과 전혀 다르다.

하지만 이는 개성적으로 만들려고 일부러 이렇게 표현한 것이 아니다. 하물며 그가 제멋대로 조각한 것도 아니고, 진지하게 눈앞의 모델을 그린 결과다. 다만 조각하는 훈련의 끝에서 우리가 평소에 보는 것처럼 보지 않게 된 것이다. (앞의 어포던스 이론을 생각해 보자. 세상의 실제는 나와 세상 사이에 생성된다.) 아마도 우리 지각과 인지의 과정이 다를 것이다.

자코메티는 색과 물질을 제한하고, 가늘고 길게 인체를 왜곡한다. 그리고 그것을 몇 년이나 다양한 작품에서 반복하여 자기만의 스타일을 만들어냈을 뿐만 아니라, 이제는 사람들에게 설득을 하여 기괴하게 느껴지지도 않는다. 바보 같다고 생각하겠지만, 아티스트의 훈련과 반복이라는 것은 그런 것이다. 나는 이것이 어포던스적인 지각과 인지 훈련이 아닐까 싶다.

예를 들어 육상에서도 단거리 주자와 장거리 주자의 신체가 다른 것과 비슷하다. 훈련을 통해 적합한 신체로 개조되어 각각에 맞는 신체가 되는 것이다. 게다가 현대미술에서는 단거리 달리기

덴마크 루이지애나 현대미술관 전경

냐, 장거리 달리기냐, 어떻게 달릴 것이냐 하는 규칙조차도 스스로 만든다.

    자코메티의 작품들은 일반적으로 '보고 관찰하는' 것을 쌓아올리기만 해서는 얻을 수 없는 독자적인 세계다. 훈련(새로운 지각의 방법을 찾아서 인지 구조를 단련하거나 재조립하는 것)을 통해 새로운 시각 이미지를 얻는 것이다.

13 패턴은
존재하지 않는다

앞서 깁슨의 생각에서는 사회적인 환경이 우리의 인지나 행동에 영향을 준다는 것을 지적했다. 현실적으로 눈앞에서 체험하는 '자신'이 느끼고 있는 것은 스스로 실행하고 있지만 동시에 사회에서 교육된 것이기도 하다.

세계와의 직접적인 만남을 실감하고 싶다면 아티스트처럼 '자신과 사회(환경)의 사이'를 의심해서 인식을 재구축할 필요가 있다. 이것이 예술의 세계에서 행해진다면 그야말로 혁신적인 예술 행위가 된다.

20세기 이후 얼핏 기이해 보였던 현대미술의 다양한 아트 운동은 이런 혁신적인 예술 행위에 해당하지만, 이것이 일반화되어 이해되기까지는 시간이 걸린다. 왜냐하면 너무나 상식에서 벗어나 있고, 우리가 지닌 상식적인 기준(인식)으로는 측정되지 않는 것뿐이기 때문이다. 그래도 궁금하다면 아티스트와 같은 현장에 몸을 두거나 아티스트와 같은 감도를 지니는 수밖에 없다.

그 자리에 있는 것도 아니고, 그 일에 정통하지 않으면 의미를 제대로 이해할 수는 없을 것이다. 마치 우리가 낯선 스포츠를 눈앞에서 감상하고 있을 때와 같다. 그냥 보고만 있으면 '뭔지 모르겠지만 흥이 오른다.'라는 수준의 이해로 끝나고 만다. 그 스포츠를 자기 나름대로 이해하려면 전문가의 적절한 해설이 없으면 어려울 것이다.

이와 마찬가지로 자기 나름의 이해력과 지식이 아트를 이해하는 데에도 필요하다. 아직 해석도 진행되지 않은, 규칙화도 되지 않은 새로운 아트가 눈앞에 있는 경우에는 더욱 이해하기 어렵다. 작품의 의미를 찾고, 그 정당성을 이해하고, 아트로 자리매김하면 마침내 사람들에게 공유될 수 있다. 일반적인 사람들이 자기 나름대로 이해할 수 있는 부분까지 해석이 진행되고, 보급이 되려면 상당한 시간이 필요하다. 고흐가 살아있는 동안에 그림을 전혀 팔지 못했던 것이나 전위적인 아트가 전혀 이해받지 못했던 사태를 기억하기 바란다.

이렇게 일반화를 위한 해석과 해설이 정리되고 정돈되면서 마침내 많은 사람에게 의미가 전해진다. 가치의 공유와 사회화 과정이다. 이 시점에 이르면 비로소 작품은 미술사 속에서 이야기되는 존재가 된다.

막 태어난 현대미술 작품을 감상할 기회를 얻었을 때 여러분은 해설 없이 직접 감동하는 사람이 되기를 바란다. 뭔가 마음이 움직이거나 이미지가 떠오르는 듯할 때는 아티스트가 세상을 접하는 감촉을 여러분도 간접 체험하는 것이다.

그렇다면 아티스트가 현실의 현장에서 체감하는 정보는 어떤 패턴으로 파악되는 것일까? 솔직히 말하면 정보에는 패턴이 존재하지 않으며 매우 다양한 양상을 띤다. 단 하나 단언할 수 있다면 아주 집중하는 상태에서 새로운 아이디어가 생긴다는 점이다.

아이디어가 생성되기 전의 단계라는 상태가 있는데, 이것은 현대사회가 안고 있는 문제든, 기존의 예술 표현에 대한 비판이든 뭐든지 상관없지만, 뭔가 마음이 움직이는 것이 있어 그것에 끝없이 집착하는 상태가 지속된다. 아티스트들은 말로는 수습되지 않는, 지금까지 없었던 생각을 표현하기 위해서는 어떻게 해야 하는지 고뇌한다. 그 고뇌 속에서 어느 순간 어떤 아이디어와 마주친다.

비즈니스 세계에서도 기업가가 생각해 낸 과거에 없는 형태의 신규 사업은 논리적으로 설명할 수 없는 경우가 많다고 한다.

아티스트나 기업가만이 아니라 위대한 발명을 한 과거의 위인들도 그랬다. 뉴턴은 영국의 울즈소프에 있는 생가 마당에서 사과가 떨어지는 것을 보고 만유인력의 법칙을 떠올렸으며, 아르키메데스는 시칠리아 섬의 시라쿠사에서 목욕탕에 들어가 있을 때 아르키메데스의 원리를 생각해냈다고 한다.

아인슈타인은 스위스 베른의 아파트 세면대에서 면도를 하다가 일반 상대성이론을 완성했으며, 특수 상대성이론의 마지막 힌트를 발견한 것은 특허국 의자에 깊숙이 기대어 앉아 있을 때였다고 한다.

독일의 철학자 마르틴 하이데거Martin Heidegger는 이런 갑작스러운 아이디어의 번뜩임을 출현phainesthai이라고 불렀다. 하이데거는 번뜩임을 스스로 도출하는 것이 아니라 어디선가 '나타나는' 것이라고 생각했다. 그러나 새로운 아이디어나 사고방식이 어딘가에서 나타난다고 해도 그 기회를 얻으려면 부단히 추구해야 한다. 피나는 노력 끝에 새로운 아이디어가 생겨나는 법이다.

 정형이나 패턴에 얽매이지 않고, 자신의 방법을 빠른 단계에서 확립하는 것이 혁신적인 발상을 얻기 위한 지름길이라고 할 수 있지 않을까?

한 줄로 이해하는 현대미술
01

1. 폭넓은 예술 지식을 얻으면 지금까지와 다른 관점으로 사회의 상황과 인간 내면의 변화에 대해 배울 수 있다. 또한 예술을 통해 자신과는 다른 세상의 모습을 상상하게 될 수도 있다.

2. 예술가는 답을 제시하는 것이 아니라 질문을 던지는 사람이다(제임스 터렐). 미래 시대에 필요한 것은 답을 이끌어내는 힘 이상으로 올바른 물음을 제기할 수 있는 통찰력과 독특한 시점이다.

3. 현대미술은 현재의 인간상에 대해 다각도로 생각하고, 미래를 향해 더 많은 가능성을 지니는 새로운 인간상을 추구하며, 인간의 개념을 확대하는 데 도전하는 시도다.

4. 아트 사고는 현상을 타개하고, 기존과는 다른 스테이지에서 활약하기 위해 꼭 필요한 시점이 된다.

5. 그러나 예술에는 경제적·사회적 성공이 아니라 끊임없는 자기 탐구가 요구된다. 사회에 대한 문제 제기, 즉 새로운 가치를 제안하고, 역사에 기록될 가치를 남기고자 하는 자세를 극한까지 추구하는 것이 아티스트의 열망이다.

6. 아트 사고는 "무엇이 문제인가?"라는 질문에서 시작하는 것이 특징이다. 여기서 말하는 문제란 영어에서 말하는 task(테스크, 임무, 용무)가 아니라 subject(주제, 과제), theme(주제, 소재)라는 의미다.

7. 세상의 문제를 해결하는 디자이너의 시대에서 자신만이 믿는 주관적인 세계를 세상에 묻는 문제제기형 아티스트의 시대로 바뀌려고 한다.

8. 전체적으로 바라보는 시점에서 물음을 제기하면 사고의 비약이 가능해진다. 아트는 최첨단 사고와 감성의 기술이다.

9. 뛰어난 아티스트는 감도 좋은 야생동물처럼 시대의 변화를 피부로 느낀다. 그런 아티스트의 시대감각은 수십 년 앞서거나 너무 빠른 경향도 있다. 하지만 잘 조절하면 비즈니스에도 활용할 수 있을 것이다.

10. 과학자에게는 예술가와 같은 창조적인 재능이 필요하고, 예술가에게도 과학자와 같은 현실주의적인 시점이 필요하다. 이 두 가지를 모두 사용할 수 있는 사람이 진정한 과학자이자 진정한 아티스트라고 할 수 있다.

11. 사람이 산 표면의 성질을 찾으면서 최적의 신체 움직임을 신체 감각으로 찾아가는 과정이 어포던스적인 자세라고 할 수 있다.

12. 아티스트들은 역사적인 시야 속에 자신을 두고, 자신의 삶을 통해 새로운 관점을 역사에 더하고자 매일 노력한다. 그리고 뛰어난 아티스트는 어떤 성과를 내고 있는 사람들이다.

13. 아티스트들의 직감이나 센스의 기원은 그야말로 몸과 마음을 다해 세상

과 마주하며 살아가는 것에 있고, 우리는 그것을 단순한 지식이 아니라 간접 체험하듯이 알게 되어 본질을 파악할 수 있다.

14. 말로는 수습되지 않는, 지금까지 없었던 생각을 표현하기 위해서는 어떻게 해야 하는지 아티스트들은 고뇌한다. 그 고뇌 속에서 어느 순간 어떤 아이디어와 마주친다.

15. 정형이나 패턴에 얽매이지 않고, 자신의 방법을 빠른 단계에서 확립하는 것이 혁신적인 발상을 얻기 위한 지름길이다.

리더들이 반드시 알아야 할 현대미술 개념
01

나오시마 아트 프로젝트
베네세 코퍼레이션의 명예 고문인 후쿠타케 소이치로의 프로듀싱으로 세토 내해에 위치하는 나오시마, 데시마, 이누지마 등에서 전개되는 현대미술과 관련된 다양한 활동의 총칭. 아트를 활용한 지역재생 활동으로도 주목을 받고 있다. 필자는 초창기 1991~2006년까지 기획을 담당했다.

제임스 터렐 *James Turrell, 1943~*
빛을 테마로 한 설치 미술 작품으로 알려진 미국의 현대 미술가. 수학과 지각 심리학 학위를 취득한 후, 예술 석사 학위를 취득했다. 빛을 이용한 실험적 수법은, 지각 환경이라고도 칭해진다. 대표작으로 애리조나의 휴화산을 작품화한 〈로덴 크레이터(Roden Crater)〉가 있다.

나오시마 지추 미술관
2004년 '자연과 인간을 생각하는 장소'로 설립되었다. 세토우치의 경관을 해치지 않도록 건물의 대부분이 지하에 매설되어 관내에는 클로드 모네(Claude Monet), 제임스 터렐, 월터 드 마리아의 작품이 안도 다다오가 설계한 건물에 영구 설치되어 있다.

가나자와 21세기 미술관
이시카와현 가나자와시에 있는 현대미술을 수장한 미술관. 2004년 개관. 체험형 작품과 방 공간 전체를 활용한 설치 미술이 많고, 무료입장 구역에 제임스 터렐의 작품을 영구적으로 설치한 공간이 있는 등 현대 미술을 언제든지 체험할 수 있다. 건축 설계는 SANAA(세지마 가즈요, 니시자와 류에).

블록체인
분산형 대장 기술 또는 분산형 네트워크. 비트코인 등의 암호 자산(가상 통화) 핵심 기술을 원형으로 하는 데이터베이스. 데이터가 서버에 분산 유지되어 기록된 데이터가 없어지지 않고, 일부 서버가 무단 침입당해도 계속 움직인다는 특징을 갖추고 있다.

레오나르도 다빈치 Leonardo da Vinci
〈모나리자〉, 〈최후의 만찬〉 등의 회화로 잘 알려진 르네상스기 이탈리아의 거장. 회화뿐 아니라, 조각, 건축, 토목, 과학, 수학, 공학, 천문학 등 다양한 기술을 통해 매우 넓은 분야에 발자취를 남긴 만능인 천재.

존 마에다 John Maeda, 1966~
시애틀의 두부 가게를 운영하는 집에서 태어났다. MIT에서 소프트웨어공학 전공하고, 미디어랩 석사, 츠쿠바 대학 대학원 인간 과학 연구과(예술 전공)에서 박사 과정을 취득했다. MIT 미디어랩 전 부소장, 전 로드아일랜드 스쿨 오브 디자인 학장을 맡는 등 디자인과 테크놀로지를 추구하는 일인자.

알베르토 자코메티 *Alberto Giacometti, 1901~1966*
스위스인 조각가. 제네바 공예학교에서 조각을 배웠다. 1922년부터 파리에서 생활을 시작해 큐비즘, 쉬르레알리즘 등의 영향을 받은 작품을 선보였으며 피카소, 사르트르, 엘뤼아르 등 의 문인과도 교류가 있었다. 만년에는 회화, 판화 등 평면예술로 회귀하는 모습도 보였다. 작품은 〈오전 4시의 궁전〉, 〈장 주네〉, 〈걷는 남자〉 등이 있다.

PART 2
그들은 미술관에서 무엇을 보는가

#제로베이스 사고
#다다이즘 운동
#임팩트, 콘셉트, 레이어
#마르셀 뒤샹, 요제프 보이스, 앤디 워홀

01 상식을 의심하는
제로베이스로 생각한다

예술 작품을 감상하는 경험은 우리가 당연하게 여겨온 상식을 의심하게 만들고, 익숙한 시선에서 벗어나 전혀 다른 관점을 떠올릴 수 있게 해준다. 그 과정을 통해 인식의 폭은 넓어지고, 사고는 더욱 유연해진다. 그렇다면 바쁜 일정 속에서도 꾸준히 미술관을 찾는 리더들은 과연 작품을 통해 어떤 통찰을 얻는 것일까? 지금부터는 현대미술을 감상하며, 우리에게 새로운 시각을 열어주는 미술의 힘에 대해 살펴보자.

현대미술에 대해 잘 모르거나 이상하고 이해할 수 없다고 느끼는 사람도 많을 것이다. 그러나 현대미술만큼 비즈니스 관계자가 사고의 비약을 얻을 단서는 없을 것이다. 현대미술은 깊이 느끼고 생각하는 경향을 중시하는 특징이 있다. 역사적, 철학적인 견해를 소중히 하고, 큰 이야기에 자신을 관련지으려고 하는 한편, 한 사람의 눈앞에 놓인 현실을 무시하거나 예외로 하지 않아서 양쪽이 성립하는 해답을 찾아내려고 한다. 대의를 찾으면서 개별적인 것도 살리겠다는 발상이다. 개개의 특별한 상태도 예외로 하지 않는다고 할 수도 있다. 그것은 동시에 미시와 거시의 두 시점을 가지거나 역사적인 시간축 안에서 자신이 어느 지점에 있는지를 생각하는 일이기도 하다. 그때는 논리만이 아니라 감성과 감각을 이용해 사물을 본다. 그리고 그 전제로 제로베이스에서 생각하는 것부터 시작한다. 비즈니스라도 뜻밖의 아이디어가 샘솟는 순간에는 비슷한 감각이 있지 않을까?

  보통 무언가를 생각할 때 사용하는 방법은 귀납적인 사고다. 하나하나의 체험을 단서로 삼아 눈앞에 있는 문제를 분석·해결하는 방법이다. 그러나 이 사고는 과거라는 한정된 조건 속에서 이루어지기 때문에 문제를 파악하는 방식 자체가 협소해진다. 그래서 과거의 체험이나 상식을 일단 보류하고, 눈앞의 문제를 접하는 것이 중요하다. 그렇게 하면 이전까지 보이지 않았던 해결

파블로 피카소

의 실마리가 보인다.

　파블로 피카소는 "어린이는 누구나 예술가다. 문제는 어른이 되어도 예술가로 있을 수 있느냐이다."라고 말했다. 아이는 어른의 상식을 가지고 있지 않고 사회적 경험도 많지 않지만, 백지에 가까운 상태라서 오히려 자유롭게 제로베이스로 생각할 수 있다는 뜻이다. 그러나 어른이 되어 상식을 익히면 그것에 얽매여 자유롭게 생각할 수 없다. 그래서 의식적으로 제로베이스에서 생각

앤디 워홀 작품을 보는 관람객

하는 것이 필요하다.

앤디 워홀은 근대 아트가 믿는 오리지널이라는 생각에 이의를 제기하며 "왜 오리지널이어야 하지? 다른 사람과 같으면 왜 안 돼?"라고 말했다. 지금까지 믿어온 상식을 의심하고, 제로베이스부터 생각했다. 그렇게 기존 아트의 발상을 뒤집어 간단한 실크 스크린 방식으로 대량 생산하게 된 것이다.

상식을 의심하거나 제로베이스에서 생각하는 것은 현대미술을 감상하는 기본적인 자세이며, 시작이라고 해도 좋다.

아티스트는 자신이 옳다고 생각하면 상식에 따르거나 눈치를 보지 않고 돌진하는 성향이 있다. 현대미술과 마주하면서 제로베이스 사고를 익혀 새로운 발상을 얻자. 비즈니스 관계자에게 의미 있는 시간을 만들어 줄 것이다.

02 무엇이든 가능하다

 현대미술이란 대체 무엇일까? 그것은 자신과 사회와의 관계를 찾아가는 나침반과 같다. 그렇게 생각하면 현대미술은 불확실성이 증대하는 현대와 극히 친화적이라고 할 수 있다.
 현대미술은 단순히 아름다움이라는 잣대로는 측정할 수 없지만, 그렇다고 해서 미술의 모든 것을 부정하는 것은 아니다. 오히려 과거의 역사를 이야기로 참조해서 각각의 작품을 성립시키는 부분이 있다. 기존의 미술이 없으면 반대로 현대미술은 성립되지 않는 측면이 있다. 이전 시대와 단절되면서 기묘하게 연결되어 있는 것이 현대미술이다.

사전에서 현대미술을 찾아보면 "현대의 미술. 흔히 20세기 이후, 또는 제2차세계대전 이후의 미술을 말한다."(쇼가쿠칸/디지털 다이지센)라고 나와 있는데, 사실 명확한 시기의 정의가 있는 것은 아니다. 또한 말 그대로 '현대의 아트(컨템포러리 아트)'이지만, 현대에 살아가는 아티스트의 작품, 모든 것을 현대미술이라고 부르는 것은 아니다. 넓게 파악하면 단순한 시대 구분으로 현 시대의 아트라고 생각할 수 있지만, 좁은 뜻으로는 어떤 특별한 경향이 있는 아트를 현대미술이라고 한다.

그렇다면 무엇이 현대미술이 되기 위한 요소일까? 바로 사고방식에 중점을 둔다. '미'를 철학적으로 크게 파악해서 굳이 말하자면 "현대사회의 과제에 대해 어떤 비평성을 갖고, 미술사의 문맥 속에서 어떤 미적 해석을 통해 사회에 의미를 제공하고, 새로운 가치를 만들어 내는 것."이라고 할 수 있을까?

쓸데없이 더 어려워졌을지도 모르지만, 단순히 시각적으로 예쁘다는 것만으로는 성립되지 않고, 오히려 미추의 기준을 넘어 인간에 대해 시각적인 표현을 중심으로 해서 지성과 감성을 이용해 현 세계를 파악하는 행위라고 해도 좋을 것이다. 그리고 그것은 때때로 역사적, 철학적, 사회적 시점에서 해석된다고 할 수 있다.

AI가 만든 마르셀 뒤샹 〈Bicycle Wheel〉의 오마주

　같은 미술이라도 미술 애호가들이 평소 익숙한 인상파나 고전 회화 등 아름다움이라는 관점에서 조형적으로 볼 수 있는 작품과는 근본적으로 달라서 감성을 이용하면서 한편으로 머릿속에서 해석을 조립해 가는 아트다. 그리고 생각을 표명하기 위해서라면 어떤 표현 미디어나 형식을 사용해도 상관없다는 것이 특징이다. 회화, 조각, 사진, 비디오, 영상, 퍼포먼스 등 방법은 무엇이든 가능하다.

03 눈에 보이지 않는 것을 표현하는 법

　모든 것에 의의를 주장하는 현대미술의 자세는 어디에서 온 것일까? 현대미술이란 무엇인지 명확히 하기 위해 근대 아트에서 어떤 식으로 현대미술이 생겨났는지 살펴보자. 인상파 등의 근대 아트와 현대미술은 다른 뿌리에서 탄생한 것이 아니라 19세기에서 20세기의 근대 아트를 거쳐 변질되어 간 것이 오늘날의 현대미술이다.

　20세기 추상 예술의 거장 중 한 명인 파울 클레의 저서 《조형사고 Das bildnerische Denken》에는 "예술의 본질은 보이는 것을 그대로 재현하는 것이 아니라 보이게 하는 데에 있다."라고 나와 있다. 예술은 단순히 보이는 것을 재현하는 데에서 '눈에 보이지 않는 것을 어떻게 표현하는가?'로 변화한다. 이처럼 클레의 작품은 마음 등 눈에 보이지 않는 것을 색채나 형태로 대체해 조형적으로 표현했다. 아무리 추상적이라고 해도 아직 색과 형태가 있고, 시각적인 조형으로 뒷받침된 것이었다.

인상파에서 추상 미술이라는 시각적 조형 혁명을 거치면서 현대미술은 더욱 극적으로 변화해 갔다. 아트가 그리는 대상에서 자유로워져서 개성과 내면을 표출하게 되면, 아티스트의 흥미는 더욱 넓어진다. 예를 들면 사회라는 거대하고 파악할 수 없는 것이나 인간이라는 존재, 나아가 문명이나 문화, 혹은 자연이나 환경처럼 인간을 둘러싼 모든 것으로 확장된다. 그리고 크게 확장된 테마에 대해서 아티스트가 느끼는 것이나 생각하는 것을 수법을 불문하고 그대로 작품으로 만들어 간다. 이 시점에서 이미 회화나 조각이라는 형식을 벗어나서 오브제, 언어, 신체 표현 등 다양한 표현이 출현하고, 어떤 방법이든 상관없는 상태가 된다.

그 시작은 시각 예술만이 아니라 문학과 음악을 끌어들여 일어난 다다이즘 운동이다. 모든 것에 회의적인 시선을 돌려 파괴하는 반언어, 반예술 운동으로, 인간 존재의 의미를 근본적으로 다시 보는 일종의 사상운동이기도 했다.

그것은 인류가 처음 경험한 세계 전쟁이 한창인 1916년에 취리히에서 탄생했다. 혁명과 전쟁과 수용소라는 인간이 극한의 상태에 놓인 시대 속에서 태어난 정신의 극치와 같은 예술로, 모든 것에 반기를 드는 괴짜 같은 운동이기도 하다.

이 반예술을 현대미술의 시작이라고 생각해도 좋을 것이다. 21세기가 된 지금도 현대미술 속에는 어딘가에서 다다이즘의 정신을 계승한 반골 정신이 존재하고 있고, 판을 뒤엎는다고도 할 수 있는, 모든 것을 제로베이스로 되돌려 사물을 다시 파악하는 사상이 있다.

현대미술의 출발점으로 종종 등장하는 마르셀 뒤샹의 레디메이드(뒤샹이 고안한 기성품을 그대로 사용한 예술 작품) 대표작은 〈샘〉이라는 제목의 도제 소변기다. 이는 다다이즘이 가져온 새로운 예술의 자세를 대표한다(실제로는 다다 선언보다 뒤샹이 일찍 제작했다고 알려져 있다).

현대라는 시대를 가장 먼저 표현하고자 하는 점이나 표현된 것을 그저 감상하는 것만으로는 의미를 이해할 수 없는 현대미술의 특징은 전위예술이 탄생한 20세기 초에 생겨났다.

서두가 길어졌지만, 결국 눈앞에 있는 현대미술은 만만찮은 상대라는 생각으로 피하지 않기를 바란다. "현대미술의 특징은 무엇인가?"라는 이 귀찮은 전제를 잘 이해하면 현대미술의 재미가 서서히 눈에 들어온다. 상당히 고도로 지적인 게임이기 때문에 규칙을 외울 때까지는 조금 인내할 필요가 있지만, 이해하고 나면 꽤 재미있다.

다시 말하지만 '지금을 최우선으로 하고, 시대를 테마로 하는 것', '눈앞의 사물과 그것이 가리키는 의미 내용에는 어떤 거리 혹은 단절이 있고, 그것에 여러 가지 의미가 흘러드는 것'이라는 두 가지만 기억해도 현대미술에 관한 이해가 진행된다. 이를 위한 판을 뒤엎는 제로베이스 사고를 하는 것이다. 시대는 현대를 테마로 하고 있다고 보면 알기 쉬울 것이다.

또 하나는 사물과 그것이 가리키는 의미 사이에 괴리가 있다는 점인데, 이것도 전반에 활발히 이야기했던 '지각과 인식의 오류'나 '좋은 작품에는 겹겹이 의미를 읽을 수 있는 다중성이 있다'는 것과도 연결되어 사물과 그것이 가리키는 의미 사이에 괴리가 있다고 할 수 있다. 보통 본 것을 익숙한 해석으로 관련짓는데, 그것을 의심하면 뜻밖의 의미가 생긴다. 그리고 작품 해석에 우리도 참여할 수 있다는 점이다. 이 두 가지를 단서로 작품을 읽어보기 바란다.

04 임팩트, 콘셉트, 레이어

현대미술의 저널리스트로 세계의 현대미술 사정을 잘 아는 오자키 데츠야小崎哲哉는 《현대미술이란 무엇인가現代アートとは何か》에서 현대 아티스트 스기모토 히로시의 인터뷰를 바탕으로 현대미술의 3대 요소를 다음과 같이 정리했다.

스기모토는 현대미술을 보면서 "시각적으로 어떤 강한 것이 존재하고, 그 안에 사고적인 요소가 중층적으로 들어 있다."라는 것이 중요하다고 말했다고 한다. 시각적으로 있는 강한 것, 사고적인 요소, 중층적이라는 말을 오자키 나름대로 받아들여 임팩트, 콘셉트, 레이어를 현대미술을 구성하는 3대 요소로 정의했다.

이 관점은 이치에 맞아서 거의 모든 작품에 들어맞는 관점의 기준이 될 것이다.

첫 번째는 임팩트다. 작품의 외관은 뭔가 남들과 다른 독창성이나 개성이 있어야 한다. 극단적으로 크다, 작다, 단단하다, 부드럽다, 깨끗하다, 더럽다, 기묘하다, 냄새가 난다 등 무엇이든 좋으니 타인과 다른 임팩트가 필요하다.

임팩트는 외관만이 아니다. 콘셉트나 작가의 의표를 찌르는 행동이거나 발언일 수도 있다.

두 번째는 콘셉트다. 어떤 생각으로 작품이 성립되는가? 무엇이 메시지인가? 이것이 작품의 생명이라고 할 수 있는 부분이다. 현대미술은 사회에 일어나는 일이라면 어떤 것이든 작품으로 만든다. 그것은 개별적인 작품 수준에서도 현대미술 전반에서도 그렇기 때문에 작품의 테마가 무엇이고, 초점이 어디에 맞춰져 있는지 명확하지 않으면 감상할 때 이유를 알 수 없다. 그렇지 않아도 모든 혼돈의 상황을 보여주는 것이 현대미술이기 때문에 작품의 배경이나 문맥을 파악할 수 없으면 감당하기가 어렵다.

세 번째는 레이어다. 좋은 작품은 다양한 해석이 가능하다. 다른 의미의 층이 존재하고, 다르게 해석할 수 있다. 다다이즘에는

다다이즘 도록

사물과 의미에 괴리가 있다고 했는데, 그렇게 된 덕분에 이미지나 의미를 자유롭게 더해갈 수 있다. 아트의 현장에서 사물은 단순한 것이 아니라 특별한 의미를 담고 있다. 단순히 사물과 의미가 직결된 것이 아니라 여러 가지로 해석할 수 있는 다양한 의미 내용의 레이어가 있는 것을 좋은 작품으로 본다.

   필자가 가장 존경하는 사람으로 이미 고인이 된 미국의 현대 아티스트 월터 드 마리아는 항상 "좋은 작품이란 다양한 해석을 할 수 있는 작품이다." 그리고 "좋은 작품이란 최소한 10가지 정도의 다른 해석을 할 수 있는 것이다."라고 했다. 의미의 중층성이 있고, 여러 겹으로 해석이 성립되는 것이 진짜 아트라는 것이다.

작품의 핵심을 감상자에게 맡기기 위해 드 마리아는 자신의 작품을 해석하는 코멘트는 일절 남기지 않았다. 심지어 작품의 인상을 방해할 우려가 있다며 자신의 모습조차 사람들 앞에 드러내지 않았고 자신과 작품 사이에 거리를 두었다. 그래서 생전에 아무도 드 마리아를 보지 못했다.

그저 작품을 보고 상상하라는 말이다. 이것은 극단적인 예일 수도 있지만, 자유롭게 볼 수 있고 의미가 중층적이라는 점은 올바른 자세이며, 좋은 작품의 특징이기도 하다.

이것은 다르게 말하자면 작품이 열려 있다는 뜻이다. 의미가 닫혀 고정화된 것이 아니라 항상 관련된 사람에 따라 자유롭게 해석될 수 있다. 다양하게 이해될 수 있는 열린 구조로 되어 있다. 좋은 작품이라면 의미는 더욱 풍부해질 것이다.

근대 아트와 현대미술의 차이점에 대한 정리하자면, 여러분이 익숙한 인상파의 회화는 시각적으로 충분히 즐길 수 있는 아름다움을 겸비한 그야말로 근대 아트다. 20세기 중반이 되면 회화는 그리는 대상에서 벗어나 추상적이 되고, 자유로워진다. 그래도 아직 시각석인 조형성이 있었다. 1980년대, 90년대가 되자 현대미술의 대부분은 시각보다 콘셉트를 중시하게 되었다.

오늘날의 아트에 대해 "아트를 순수하게 시각적 쾌락만으로 즐기지 못하게 된 시대."라고 말한 사람은 미국의 미술 평론가이자 철학자 아서 단토다. 그 경향이 확고해진 것은 1980년대부터다. 그로부터 이미 40년 가까이 지났지만, 그 경향은 변하지 않았다.

05 마르셀 뒤샹

리더에게 영감을 주는 아티스트 1

아트 작품을 감상한다는 것은 아티스트가 제기한 물음을 받는 일이다. 이에 대해 생각하고 작품과 대화하는 것이 감상의 묘미다. 답을 자기 나름대로 생각하면서 자문자답하는 것이 현대미술을 이해하는 과정이다.

비즈니스에서는 모르는 것을 안 좋게 여기지만, 현대미술에서는 모르는 것을 오히려 좋아한다. 우리는 모르는 것을 접하면서 사고가 촉진되기 때문이다.

그럼 현대미술의 대표적인 작가로부터 그것을 배워보자.

현대미술의 방향을 결정지은 3명의 거장은 마르셀 뒤샹, 요제프 보이스Joseph Beuys, 앤디 워홀이다. 각인각색으로 저마다 특징이 뚜렷하다. 현대미술을 감상하는 데에 표준이라고 할 수 있는 아티스트이므로 지금의 아트를 크게 파악할 때 알아두면 편리하다.

마르셀 뒤샹(1887~1968년, 프랑스)은 현대미술을 조금 아는 사람이라면 이름 정도는 들어 본 적이 있을 것이다. 아트를 콘셉트에 따라 만들어서 읽는 것으로 만든 사람이다. 현대미술의 창시자라고 해도 과언이 아니다.

그 출발점이 된 작품은 이 책에서도 자주 언급한 뒤샹이 〈샘〉이라고 이름 붙인 작품이다. 안타깝게도 원작은 소실되었다. 1950년대에 이르러, 뒤샹의 감수 아래 17점의 복제품이 만들어졌고, 그 한 점이 교토 국립 근대 미술관에 소장되어 있다.

〈샘〉은 세라믹으로 만든 남성용 소변기를 위를 향하게 두었을 뿐이었다. 뒤샹 자신이 만든 것도 아니고 시판하는 공산품으로, 그는 사인만 넣었다(기성품을 예술작품에 전용한 것을 레디메이드라고 명명했다). 그 사인도 가명으로 R. 머트라고 적혀 있다. 머트는 뒤샹이 변기를 산 가게의 이름이었다고 알려져 있다.

실제로 〈샘〉은 1917년 뉴욕에서 열린 '살롱 데 쟁데팡당'에 출

샘, 마르셀 뒤샹, 1950년대

품하려다 실행위원에게서 이런 것은 예술이 아니라고 전시를 거부당했다. 살롱 데 쟁데팡당은 1달러를 내면 누구의 어떤 작품이라도 받아들이는 전람회였는데도 말이다.

  뒤샹은 그때까지 많은 미술 작품을 눈으로 얻을 수 있는 자극을 즐기는 망막적 회화라고 비판했다. 뒤샹은 정신(뇌)에 쾌락을 주는 새로운 예술을 제창하기 위해 〈샘〉을 세상에 내보냈다. 그것은 오직 하나뿐인 핸드메이드야말로 가치가 있고, 미야말로 선이라는 미술계의 기성 개념을 깨뜨리는 일이었다. 그러기 위해 그는 굳이 아름다움에서 가장 멀리 있는 변기를 사용해 기존의 가치관에 의의를 제창했다.

레이메이드를 아트라고 주장한 뒤샹으로 인해 오랜 역사 속에서 당연하게 여겨졌던 예술에 대한 개념이 뒤집힌 것이다. 동시에 "예술이란 무엇인가?"라는 의미를 처음부터 만들어내야 하는 지점까지 예술을 되돌리게 되었다.

그러나 이렇게 하면 뭔가 종말적인 기분이 들지만, 반대로 보면 완전히 처음부터 시작할 수 있는 것으로 예술을 새롭게 바꿨다고 할 수 있으므로 정말로 혁명적인 아티스트다. 그리고 실제로 뒤샹 이후로 다양한 예술 운동이 생겨났다. 이후 작품은 콘셉트를 중시하게 된 것이다.

그 밖에도, 통칭 '거대한 유리'라고 불리는 〈그녀의 독신자들이 발가벗긴 신부, 그조차도〉 유작인 〈1. 폭포수 2. 조명용 가스가 주어졌다고 하라〉 같은 명작이 남아 있지만, 모두 문제 지문이나 수수께끼 같은 제목을 가진 작품이다.

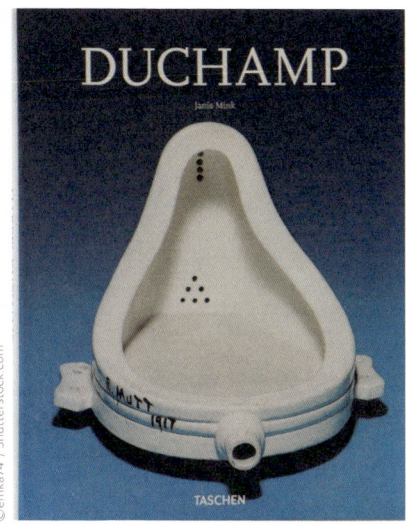

뒤샹의 〈샘〉 도록

　제작 스타일은 회화, 조각과 같은 것에서 벗어나 일종의 장치와 같으며, 현재의 설치 미술(공간 설치에 중점을 두는 작품)로 이어지는 스타일이다.
　투명 유리 위에 기계를 연상시키는 금속제 형상이 붙어 있어, 그 도상으로 몇 개의 스토리를 상상하게 하는 작품이다. 의미심장하고 난해한 메모가 존재하고 있어, 그것을 참조하면서 작품을 읽어갈 수 있도록 되어 있다.

통상 유작이라 불리는 작품은 뒤샹 사후에 본인의 유언에 의해 존재가 밝혀져 공개된 작품이다. 관객들이 오래된 나무문에 뚫린 두 개의 구멍을 통해 문 너머로 보이는 풍경을 바라보는 장치다.

작품은 문 너머로 펼쳐지는 광경이 메인이지만, 문과 창문을 포함한 외관도 작품이라고 할 수 있다. 어느 특정 장소에 설치된 작품 형식을 설치 미술이라고 부르며, 현대미술에서는 잘 알려진 제작 형식이지만, 그 시초라고 할 수 있는 작품이다.

조금 허리를 굽힌 위치에 두 개의 엿보기 구멍이 있는데, 그것을 들여다보면 문 너머에 부서진 벽돌 벽이 보이고, 앞에는 깊고 어두운 숲이 펼쳐져 있다.

벌거벗은 소녀가 마른 나뭇가지 위에서 이쪽으로 두 다리를 벌리고 자고 있고, 얼굴은 앞의 벽돌 벽에 가려져서 표정을 살피지 못한다. 그 모습으로는 살았는지 죽었는지 알 수 없다. 왼손에는 가스라이트를 들고, 생생한 나체를 드러내고 있다.

낡은 나무문에 이마를 붙이고 집중해서 그 광경을 바라보는 관객은 마치 엿보는 행위에 푹 빠진 변질자를 연상시킨다. 엿보는 본인도, 그것을 바라보는 타인도, 어딘가 꺼림칙한 기분이 들게 된다.

엿보기 행위를 하는 관객을 포함해서 작품화되어 있다는 연극 장치의 작품이다. 이쪽도 텍스트가 남겨져 있어서 다양하게 상상을 부풀릴 수 있다.

뒤샹의 작품은 관객을 포함한 관계 속에서 성립되었다. 미리 뒤샹이 준비한 답이 있는 것은 아니고, 작품을 사이에 두고 상상을 부풀려 갈 수 있다.

이렇게 머리를 쓰거나 대화를 만드는 지적인 게임으로 현대미술의 자리를 만든 사람이 뒤샹이다.

06 리더에게 영감을 주는 아티스트 2
요제프 보이스

두 번째 거장은 요제프 보이스(1921~1986년, 독일)다. 보이스는 뒤샹과 반대되는 아티스트이지만, 보이스도 뒤샹처럼 예술이라는 개념을 파괴한 사람으로 회화나 조각이라는 오래된 형식을 깨뜨렸다. 보이스가 이를 위한 근거로 삼은 것은 자신의 신체와 행동이다. 그리고 자신이 일으킨 행동의 결과인 사건을 유일한 예술이라고 생각했다. 예술은 그야말로 사물이 아니라 일어난 일이 되었다.

예술이 이루어지는 장소를 사물이 아닌 행동으로, 혹은 두뇌가 아닌 몸으로. "모든 전통은 끝이야. 나는 전혀 다른 곳으로 갈 것이다."라고 보이스는 말했다.

요제프 보이스
기념 우표

보이스에게 행위 자체가 아트이기 때문에 그곳에서 사용한 것은 행위의 흔적이라는 의미밖에 없었다. 그림을 제작할 때처럼 다른 사람이 아름답게 봐 주기를 바라는 미적인 배려나 조형적인 요소는 없었다.

예술은 보이스가 입회하고, 그곳에서 관련된 사람과의 사이에 일어나는 시간 속에 나타나고 사라져 갔다. 예술은 그 자리에 존재할 뿐이고, 끝나고 나면 소실되었다. 그래서 보이스가 남긴 것은 기존과 같은 아트 작품이 아니라 그냥 흔적이 된다. 그 자리에 참석하지 못한 사람들은 그 흔적으로 보이스의 행위가 지닌 의미를 상상하는 것이다.

요제프 보이스, 앤디 워홀, 1980

　보이스는 일련의 행위에 의한 예술을 '액션'이라고 이름 붙였다. 대표적으로 〈나는 미국을 좋아하고 미국도 나를 좋아한다〉가 있다. 제2차 세계대전 후 새로운 질서가 형성된 시대에 압도적인 국력으로 세계를 제압했던 제국주의적인 미국을 주제로 강한 정치적 메시지를 담은 퍼포먼스다.

　미국 공항에 도착한 보이스는 어디에도 들르지 않고 눈을 가리면서 그대로 갤러리에 도착하여 일주일 동안 그곳에서 생활했다.

20세기의 종말, 요제프 보이스, 1983

보이스와 함께 시간을 보낸 것은 미국의 야생을 상징하는 코요테였다. 상대는 야생의 코요테이기 때문에 긴장한 상태로 시간이 지나갔다. 보이스의 마음을 진정시킨 것은 보이스가 특별한 의미를 부여해 종종 작품에 등장하는 담요와 지팡이였다. 이것을 몸에 걸치고 보이스는 코요테와 대화했다.

  보이스와 코요테 사이에 펼쳐진 시간은 때때로 의식적으로도 보이는 불가사의한 시간이었다. 시간이 지나자 뉴욕에 도착했을 때처럼 갤러리에서 어디에도 들르지 않고 바로 공항으로 가서 독일로 귀국했다. 코요테와의 시간 이외에는 미국에 전혀 관심을 두지 않았고, 아무것도 보지 않고 떠났다.

일반적인 시점으로는 의미를 짐작하기 어려운 이 퍼포먼스 행위는 제목과의 관계에서 60년대 미국 사회를 강하게 비판한 것으로 보고 있다. 그러나 그 극단적인 행동의 이유를 누구도 알지 못해서 다양한 해석을 낳았다.

보이스는 자신의 행동으로 예술을 표현한 사람이지만, 그뿐 아니라 사회적인 영향력도 행사했다. 자유국제대학의 개설로 대학의 교육 현장에 관여해, 많은 학생을 육성했다. 또한 독일의 녹색당 창당에 관여하는 등 정치판에도 적극 개입했다. 대학의 개설과 정치 참여 등의 사회 활동을 '사회 조각'이라고 부르며, 예술 활동이라고 주장했다. 보이스에게 예술 행위는 정치나 경제처럼 사회를 창조하고 움직여 가는 실천적인 활동이다.

언뜻 활동가로 착각할 만한 예술 활동을 한 아티스트는 보이스를 이어 한스 하케Hans Haacke, 아이 웨이웨이艾未未 등이 있으며, 정치 비판을 예술 활동으로 규정하는 아티스트의 흐름을 만들었다. 그야말로 사회개혁이나 혁명의 사상과 직결된 예술을 실천한 사람이다.

예술과 정치를 접근시켜 나간다는 생각은 현재까지 이어져 오고 있으며, 아티스트의 활동만이 아니라 전람회를 조직하는 큐레이션의 장으로도 이어지고 있다. 2019년 개최되어 사회 문제까지 된 츠다 다이스케 감독의 '아이치 트리엔날레 2019'의 일부로 실시한 '표현의 부자유전, 그후'도 형식적으로는 보이스로부터 시작되는 정치, 사회 활동에서의 아트의 문맥으로 읽혀져야 할 것이다.

인터넷 사회는 누구나 부담 없이 정치에 참여할 수 있는 장을 만들어 냈지만, 한편으로 쉽게 서로가 부딪치는 분단을 조장하는 회로도 만들어 냈다. 자유롭기 때문에, 개개인에게 높은 도덕심이나 때로는 자기 억제하는 듯한 자제심이 필요한 시대이기도 하다. 다시 말해 표현의 자유라는 의미에서 이번 문제를 풀려고 하는 풍조가 있지만 단순한 말의 반복으로는 대처할 수 없는 그런 시대에 들어왔다.

보이스의 이야기로 돌아가서 사회 활동으로의 예술을 제창한 지 반세기가 지나려 하고 있는데, 한층 더 민주화가 진행된 사회가 되어, 보이스가 목표로 하던 사회에 가까워지는 것 같기도 하다. 보이스는 누구나 예술가라고 했으며 자유국제대학에서는 교사·학생이라는 구별 없이 사회 변혁에 대해 자유롭게 토론하는 장을 만들었다. 그는 내 학창 시절에도 도쿄예술대학에서 인상적인 강의를 했다.

포퓰리즘이 만연하면서 그 위태로움도 눈에 띄기 시작했다. 좌우 어느 쪽의 의견도 자유롭게 말할 수 있는 시대이기에 무심코 한 말이 돌이킬 수 없는 방향으로 사람들을 몰아가는 위태로운 시대라고도 할 수 있다. 보이스가 이런 정치의 시대를 원했든 아니든 정치가 일상에 가까워지고 있는 것은 확실하다. 보이스에 의해 아트는 사물을 떠나 행위를 통한 활동이 되었다. 또 아트를 공상 세계라고 생각하지 않고, 실제 사회를 변혁하는 도구로 삼았다.

릴레이셔널 아트, 소셜 인게이지드 아트, 커뮤니티 아트 등 사회에 대한 아트 활동의 원점은 요제프 보이스에 있다.

07 리더에게 영감을 주는 아티스트 3
앤디 워홀

세 번째는 앤디 워홀(1928~1987년, 미국)이다. 그는 가장 현대적인 아티스트 중 한 명이라고 할 수 있다. 다만 이것은 현대를 어떻게 보느냐에 따라 달라진다.

현대사회를 관장하는 체제는 자본주의, 소비사회, 자유주의라는 것을 부정하는 사람은 없을 것이다. 베를린 장벽의 붕괴, 소비에트연방의 해체 등 사회주의 체제가 사라져 가는 가운데 자본주의가 세계를 뒤덮었음이 틀림없다.

승자가 된 자본주의를 제대로 상징하는 존재가 소비문화다. 사람들은 소비생활 속에서 삶의 기쁨도 슬픔도 느낀다. 마치 공기

앤디 워홀 전시회

처럼 소비활동은 우리와 함께 있다. 만약 소비에 해당하는 초상화가 있다면 어떤 모습일까? 분명 워홀의 작품 같은 것이 아닐까 싶다.

   워홀은 "모든 것을 알고 싶다면 표면만 보면 된다. 뒤쪽에는 아무것도 없다."라고, 자신의 작품에 대해 이야기했다. 그야말로 깊이가 없는, 표면뿐인 거울 같은 작품으로, 빙글빙글 어지럽게 변하는 소비사회 표층의 모습을 나타냈다.

20세기는 소비문명을 구가한 미국의 시대라고도 할 수 있지만, 그 본질은 그리 낙관할 수 있는 것도 아니다. 모든 것이 소비의 대상이 되고, 표면적인 것으로 판단되어 가는 경박한 시대다. 그것은 물건만이 아니다. 사람도 사회도 소비의 대상이 된다. 사람의 죽음이나 불행조차도 얄팍한 정보로 변환되어 갔다.

마릴린 먼로나 엘비스 프레슬리처럼 미디어를 떠들썩하게 하는 스타들의 초상부터 자동차 사고 현장이나 전기의자까지 비창한 사회의 표층으로 각각의 아이콘을 뽑았다.

일반적으로 돌아다니는 스틸 사진을 유용해서 전형적이고 정형화된 이미지를 작품으로 만들었다. 거기에는 기존의 화가처럼 독창적인 묘사도, 시간을 들인 탐구도 창의도 없었다. 그저 대량 제품을 만들 듯이 여러 장 찍어낸 실크스크린 작품이 있었다.

당시에는 아직 화가가 심혈을 기울여 유화 한 점을 완성하는 것이 당연한 시대라서 미술계에서 실크스크린 인쇄로 대량 인쇄된 작품이 과연 예술이라고 할 수 있느냐는 비판의 목소리도 모였다. 원래 워홀은 기존의 예술가처럼 작품을 제작한 것이 아니었다. 자신의 아틀리에를 팩토리, 즉 공장이라고 부른 것에서 알

©B.Robinson / Shutterstock

앤디 워홀의 마릴린 먼로 실크스크린

수 있듯이 그는 작품을 공장에서 그야말로 생산하듯이 제작했다. 자기표현을 위해서가 아니라 흐름 작업처럼 아트를 대량 생산하고 있었던 것이다. 그런 비판의 목소리에 워홀은 아래와 같이 반박했다.

"사람들이 미술작품으로 구매한다면 그건 미술작품이다."

즉 예술인지 아닌지는 감상하는 측이 결정하는 것이라는 말이다. 뒤샹은 기존의 예술을 부정했지만, 워홀은 예술품과 그렇지 않은 것의 경계를 파괴했다.

워홀은 마릴린 먼로가 어떤 사람이고, 어떤 내면을 가지고 있는지에는 전혀 관심이 없었다. 표면적인 이미지만 양산했다. 대중이 원하는 스테레오타입 먼로의 이미지를 그저 증폭해서 모두가 보고 싶어 하는 것을 작품화했다. 눈에 보이지 않는, 그러나 세계에 소용돌이치고 있는 인간의 욕망이 현대사회를 움직이는 것이라고 워홀은 생각했다. 미디어에서 양산되고 소비되는 사람들의 욕망. 그것을 처음 보이는 형태로 작품화한 것이 워홀이었다.

워홀이 등장하면서 아트는 더욱 눈앞의 현실을 대상으로 하게 되었고, 많은 사람이 접하면서 믿는 대중사회나 소비사회 같은 것들을 상대로 했다.

그전까지 세상을 등지고 고독한 세계로 빠져드는 예술가라는 이미지와는 전혀 다른 아티스트상을 워홀은 제공했다.

현대미술뿐 아니라 록밴드 프로듀싱, 영상 표현 등 폭넓은 활동을 통해 아트부터 패션까지 영향력을 발휘해 젊은이들이 열광했던 60년대, 70년대 뉴욕 컬처의 상징이 되어갔다. 그것은 별나고, 많은 논란을 불러왔다.

원래 아트란 무엇인지 워홀은 작품에서 뒤샹과 마찬가지로 우리에게 질문을 던졌다. 그리고 아트는 아티스트의 내면과 아이디어를 단순히 표현하는 것이 아니라 아티스트가 사는 시대를 선명하고 강렬하게 구현하는 존재가 되었다.

08 미술 작품에서 관계를 배우다

20세기에는 다양한 예술운동이 일어났는데, 그 대부분을 '~이즘(주의)'이라고 칭한다. 포비즘, 큐비즘, 표현주의, 다다이즘, 쉬르레알리즘, 추상표현주의, 네오다다, 팝아트, 누보레알리즘, 콘셉추얼아트, 미니멀리즘, 신표현주의, 시뮬레이셔니즘 등이다.

세세하게 꼽으면 끝이 없을 정도로 예술은 스스로의 목적을 찾아 다양한 주의와 주장을 해 왔다. 뒤샹, 보이스, 워홀 등의 거장들도 이즘의 시대에 살았던 아티스트들이다.

그런데 냉전 구조가 붕괴된 1989년 이후 운동이라고 부를 수 있는 것은 거의 등장하지 않는 사태가 발생한다. 바로 진보 발전형 예술의 끝이라고 할 수 있다. 이후 무풍 상태에서 예술이 전개되는데, 이 사태를 어떻게 받아들이냐에 따라 역사의 관점이 상당히 달라진다. 단순히 예술의 끝으로 받아들일 것인가, 아니면 또 다른 무언가가 시작될 것인가?

아서 단토의 예상으로는 처음에는 현실의 모방이었던 예술이 이데올로기의 시대가 되어 각각 경쟁하지만, 그것도 지나가자 점차 '뭐든지 가능한'의 포스트 히스토리컬한 시대로 들어간다. 그 시대는 이제 '이렇게 해야 한다'는 것이 없어지는 시대가 될 것이라고 한다.

이런 말을 80년대 같은 시기에 했던 정치경제학자가 있다. 미국의 학자인 프랜시스 후쿠야마 Francis Fukuyama다. 그가 1989년에 발표한 논문에서도 비슷한 역사의 견해가 있다. 사회주의가 종식되면서 자유주의와 사회주의 이데올로기의 대립이 끝나고, 사회의 평화와 자유가 영원히 지속될 것이라는 가설이었다. 사회가 무풍 상태가 된다는 것이 포인트다.

변증법을 사용하면서 이론을 전개하는 방법이나 역사의 진화론적 전개는 단토와 마찬가지로 헤겔 Hegel을 본뜬 것이지만, 실제로 사회는 잇달아 새로운 과제를 맞닥뜨리고 있어 후쿠야마가 생각한 시대는 되지 않았다. 예술도 연이어 새로운 것이 생겨나고 있다. 단지 예전처럼 진화론적으로, 혹은 일원적으로 큰 이야기는 하지 못하게 되었다.

큰 이야기에서 작은 이야기로, 그리고 일상의 생활이나 사람들의 관계로 테마도 변화해 간다. 대규모 프로젝트나 물량을 자랑하는 작품에서 커뮤니티나 사회를 테마로 한 작품으로 변화하고, 아티스트들의 활동 거점도 분산되고 있다.

1990년대가 되자 보는 것뿐 아니라 뒹굴거나 먹는 등의 작품과 관객과의 커뮤니케이션을 중시하는 참가형 릴레이셔널 아트가 눈에 띄었다. 특히 독특한 것은 부에노스아이레스 출신의 태국인 아티스트, 리크리트 티라바니자의 릴레이셔널 아트다.

1990년에 뉴욕의 화랑에서 태국식 볶음국수를 대접한 〈팟타이〉에 이어 1992년과 1995년에는 태국 카레를 서비스하는 등의 퍼포먼스로 일약 주목을 받았고, 이후 관객과의 커뮤니케이션을 중시한 릴레이셔널 아트의 1인자로 주목받고 있다. 리크리트는 "아트는 무엇과 무엇을 연결하는 것."이라고 말했다.

영국을 대표하는 현대 아티스트 리암 길릭이 생활을 예술화하는 것을 주제로 한 작품을 계속 만들고 있듯이 이런 아트의 일상화도 이제 현대미술의 중요한 테마가 되고 있다.

관객과의 관계성마저도 예술이 되는 시대에 관해서 프랑스 출신의 이론가·큐레이터인 니콜라 부리오는 저서 《관계성의 미학L'esthétique relationnelle》에서, IT 산업이나 서비스 산업이 증가해 경제구조가 크게 변화한 것이 그 배경에 있다고 지적했다.

다른 사람과의 커뮤니케이션 같은 무형의 가치도 현대사회에서는 아트가 다루어야 할 대상이 된다는 것이다. 60년대까지만 해도 성행했던 미술운동이 자취를 감췄던 시기가 길었던 만큼 《관계성의 미학》은 오랜만에 나온 미술적인 이론과 운동으로 여겨져 화제가 되었고, 리크리트는 그 대표적인 아티스트로 알려졌다.

부리오의 《관계성의 미학》이 널리 퍼지자 비판도 나타났다. 부리오가 말하는 관계성은 내면의 인간관계만을 상정하고 있다. 그러나 사회에서는 적대관계에 있거나 배제를 포함하는 행동이 생기는 것이 보통이다. 이런 인간관계의 정치학을 제대로 봐야 하지 않겠느냐고 비평가·미술사가 클레어 비숍은 〈적대와 관계성의 미학〉이라는 논문에서 언급했다. 그러나 오늘날의 아트에서 부리오가 언급하고, 많은 아티스트가 인정하듯이 '참가'는 중요한 요인이다.

09 아트와 비즈니스의 모호한 관계성

현대미술을 빠른 걸음으로 돌아보고, 중요한 아티스트와 특징적인 아트에 관해 살펴보았다. 여러분이 평소에 지내는 비즈니스 현장과는 상당히 다른 세계였을 것이다. 이처럼 근대에는 기성 가치관에 반발해 센세이셔널한 화제를 뿌리는 현대 아티스트들이 많다. 앤디 워홀로 대표되는 팝아트도 절정기를 맞았던 전후 미국의 풍부한 대량 소비 사회를 반영한 것이었다.

아티스트는 항상 당시의 정치나 사회를 비판해 왔다. 1937년에 피카소는 스페인 내전 중에 독일 공군이 무차별 폭격을 가한 것에 항의해 〈게르니카〉를 그렸다. 그리고 1969년에는 당시 뉴욕 근대미술관에 있었던 〈게르니카〉 앞에서 예술가들이 베트남 전 반전운동을 벌였다.

중국의 현대 미술가 아이 웨이웨이가 천안문 광장에 중지를 세운 사진을 트위터에 올리거나 스위스 출신의 설치 미술가 토마스 허쉬혼이 글로벌 자본주의를 통렬하게 비판하는 작품을 계속 만들고 있다. 이렇게 시대를 크게 내려다보면 현대미술이 항상 사회와 연결되면서 역사를 새겨오고 있음을 알게 된다.

부의 집중, 빈부 격차 확대, 후진국의 빈곤, 비정규직의 증가와 같은 커다란 사회 문제부터 SNS 승인 욕구와 희박해진 인간관계의 연결, 패스트푸드 의존 등의 가까운 문제에 이르기까지 아트는 때때로 심각하게 때로는 코믹하게 시대를 계속 비추며 경종을 울리고 있다.

아트는 마치 사회의 트릭스터처럼 행동하며 사회의 안팎을 오가며 일정한 거리를 두고 현재 사회를 상대화하는 역할을 맡아왔다. 아트는 인간에게 도덕을 말하고, 때로는 악을 언급한다. 도움을 주면서도 독이 되는 것이 아트다. 잘 사용할 수 있을지는 우리 사회의 성숙도에 달려 있다. 그곳에서는 인간적인 성숙이 열쇠다.

아트가 비즈니스에 직접적인 힌트가 될지 어떨지는 알 수 없

피카소 〈게르니카〉의 전시

아이 웨이웨이의 작품들

다. 상당히 불안하지만, 현 사회를 생각할 때 기존의 시점에서는 얻을 수 없었던 사고방식이나 사물을 보는 관점을 얻을 계기가 되지 않을까 싶다. 비즈니스도 아트도 사람의 삶 위에 있는 이상, 어딘가에서 공유해야 할 점이 있다. 앞으로 이 두 분야에 대한 상관관계를 조금 더 심도 있게 살펴보도록 하겠다.

아이 웨이웨이의 작품들

한 줄로 이해하는 현대미술
02

1. 현대미술은 깊이 느끼고 생각하는 경향을 중시하는 특징이 있다.

2. 상식을 의심하거나 제로베이스에서 생각하는 것은 현대미술을 감상하는 기본적인 자세다.

3. 현대미술은 자신과 사회와의 관계를 찾아가는 나침반과 같다. 그래서 불확실성이 증대하는 현대와 매우 친화적이다.

4. 현대미술은 과거의 역사를 이야기로 참조해서 각각의 작품을 성립시키는 부분이 있다.

5. 현대미술이 되기 위한 요소는 '미'를 광범위하고 철학적으로 파악하고, 현대사회의 과제에 대해 어떤 비평성을 갖고, 미술사의 문맥 속에서 어떤 미적 해석을 통해 의미를 제공하고, 새로운 가치를 만들어내는 것이라고 할 수 있다.

6. 회화, 조각, 사진, 비디오, 영상, 퍼포먼스 등 방법은 무엇이든 가능한 것이 현대미술이다.

7. 현대미술 속에는 다다이즘의 정신을 계승한 반골 정신이 존재하고 있다.

8. 현대미술의 3대 요소는 임팩트, 콘셉트, 레이어이다.

9. 현대미술의 특징을 결정지은 3명의 거장은 마르셀 뒤샹, 요제프 보이스, 앤디 워홀이다.

10. 뒤샹은 머리를 쓰거나 대화를 만드는 지적인 게임으로 현대미술의 자리를 만든 인물이다.

11. 요제프 보이스에 의해 아트는 사물을 떠나 행위를 통한 활동이 되었다. 그는 아트를 공상세계라고 생각하지 않고 실제 사회 변혁하는 도구로 삼았다.

12. 앤디 워홀은 사람이 미술작품으로 구매한다면 그것이 미술작품이라며 예술품과 그렇지 않은 것의 경계를 파괴했다.

13. 아트의 일상화도 이제 현대미술의 중요한 테마로, 관객과의 관계성마저도 아트가 되는 시대다.

14. 서구와 달리 일본의 커뮤니티 아트는 마을 조성과 일체화되어 일반인들의 삶의 터전과 가까운 곳에서 아트가 실현된다는 점이 특징이다.

15. 부의 집중, 빈부 격차 확대, 후진국의 빈곤, 비정규직의 증가와 같은 커다란 사회 문제부터 SNS 승인 욕구와 희박해진 인간관계의 연결, 패스트푸드 의존 등의 가까운 문제에 이르기까지 아트는 때때로 심각하게 때로는

코믹하게 시대를 계속 반영한다.

16. 도움을 주면서도 독이 되는 것이 아트다. 잘 사용할 수 있을지는 우리 사회의 성숙도에 달려 있다. 그곳에서는 인간적인 성숙이 열쇠다.

리더들이 반드시 알아야 할 현대미술 개념
02

월터 드 마리아 *Walter De Maria, 1935~2013*
미국 캘리포니아 출신의 조각가·음악가. 장소나 공간 전체를 작품으로 체험하게 하는 설치 미술 작품 등을 다수 제작했다. 뉴멕시코주의 사막에 400개의 스테인리스 폴을 격자 형태로 세운 〈라이트닝 필드〉가 대표작이다. 랜드아트, 환경미술의 대명사가 된 작품이다.

포비즘 *Fauvism*
20세기 초 회화 운동의 명칭. 원색을 많이 사용한 강렬한 색채와 강렬한 터치가 특징이다. 우연히 비평가가 한 말 중에 포브(야수)라는 표현이 들어가 있어서 거친 표현의 격함을 나타내는 네이밍으로 포비즘이라고 명명되었다.

큐비즘 *Cubism*
회화와 조각뿐 아니라 음악, 문학, 건축 등 다양한 분야에 영향을 준 20세기 초 전위 예술 운동. 창시자는 조르주 브라크(Georges Braque)와 파블로 피카소다. 모든 대상을 기하학적 도형으로 환원해 그리는 입체파라고도 불리는 미술 운동의 하나이다.

파울 클레 Paul Klee, 1879~1940
독일계 스위스 화가, 미술 이론가. 독일 표현주의 화가 집단 '청기사파'를 바실리 칸딘스키(Wassily Kandinsky, 1866~1944년) 등과 함께 결성해 독일의 종합적 조형학교 바우하우스에서도 교편을 잡았다. 당시 전위 예술운동의 다양한 스타일에서 영향을 받은 개성적인 스타일이 특징이다.

다다이즘 Dadaism
제1차 세계대전 중인 1916년 유럽에서 일어난 예술 운동. 전쟁에 의한 파괴와 살인에 대한 반항과 허무부터 인간의 이성을 부정하는 등 기성 질서나 상식에 대한 부정, 공격, 파괴라는 사상을 큰 특징으로 하고 있다.

쉬르레알리즘 Surrealism
초현실주의라고도 한다. 현실과 동떨어진 세계나 부자연스러운 배치, 부조리성이 쉬르레알리즘 작품의 특징이다. 사상적으로는 지그문트 프로이트(Sigmund Freud, 1856~1939년)의 정신분석의 강한 영향을 받아 개인의 의식보다 무의식이나 집단의식, 꿈, 우연 등을 중시한다.

아서 단토 Arthur C. Danto, 1924~2013
미국의 미술평론가·철학자. 아트월드라는 개념을 만들었다. 단토가 말하는 아트월드란 특정 단체나 조직이 아니라 문화적인 문맥 혹은 아트에 관한 언설을 둘러싼 장소의 분위기를 일컫는 말이다.

랜드마크 작품
기념비적 작품.

팝아트 *Pop Art*
상업광고·만화·양산품 등 일상에서 접할 수 있는 것들을 주제로 해서 기존의 예술 개념을 타파하는 것을 겨냥한 현대미술 예술운동. 1960년대 미국에서 앤디 워홀이 등장하면서 인기를 끌었고 세계적으로 영향을 미쳤다.

미니멀리즘 *Minimalism*
장식적이나 설명적인 부분을 가능한 한 깎아내고, 큰 색채면, 단순한 형태, 패턴의 반복이라는 단순한 표현으로 그려진 회화를 말한다. 물질주의의 예찬이라고도 여겨지는 팝아트를 비판하는 움직임으로 나타났다.

마릴린 먼로 *Marilyn Monroe, 1926~1962*
미국 로스앤젤레스 출신의 여배우 겸 모델. 1950년대를 대표하는 할리우드 섹스심벌의 한 사람으로 유명해졌다. 1962년 약물 과다 투여로 사망할 때까지 10년 정도 톱스타로 지냈으며 사후에도 대중문화의 아이콘으로 간주되고 있다.

표현주의
인간의 내면적인 감정과 주관적인 의식을 외적인 세계관의 왜곡으로 강조하는 예술 경향을 말한다. 20세기 초 유럽에서 생겨난 포비즘과 독일의 청기사파 활동에 이르는 일련의 흐름을 가리키는 경우가 많다.

추상 표현주의
1940년대 후반부터 50년대에 걸쳐 뉴욕을 중심으로 융성한 예술 양식. 캔버스를 작가의 그리기 행위의 흔적이라고 생각하고, 창작 과정을 중시한다. 대표적인 작가에 잭슨 폴록(1912~1956년), 바넷 뉴먼(Barnett Newman, 1905~1970년) 등이 있다.

네오다다 Neo-Dada
1950년대 초에 태동한 추상 표현주의에 이어 세대의 경향을 나타내는 명칭. 전통적인 예술과 미학의 개념을 부정하는 반예술적 경향에서 새로운 다다라는 명칭이 붙었다. 인쇄물, 생필품, 폐목재 등 대량 소비사회나 저속함을 상징하는 소재를 이용한 콜라주, 레디메이드 응용 작품이 많다.

누보레알리즘 Nouveau Realisme
온갖 전통적인 회화 기법을 버리고 일상생활에 넘쳐나는 기성품, 폐기물 등을 이용해 미술작품 제작을 시도하는 예술운동을 말한다. 대량 생산의 공업화 사회에서 새로운 현실성을 모색한다는 점에서 새로운 리얼리즘이라고 불린다.

신표현주의
1970년대 말부터 1980년대에 걸쳐 미국, 독일, 이탈리아 등에서 일어난 새로운 구상 회화의 동향. 인물상, 역사적·신화적 주제 등을 거친 표현주의풍의 필치로 그리는 스타일이 난해한 콘셉추얼 아트와 미니멀 아트에 대한 반동에서 열광적으로 받아들여졌다.

서브컬처
사회의 지배적이고 중심적인 문화에 반하여 일부 사람들을 주체로 하는 독특한 문화를 말한다. 회화·조각·공예 등의 전통예술, 클래식 음악, 순문학, 하이쿠, 단가 등의 하이컬쳐에 들어가지 않고, 애니메이션·만화·게임 등 비교적 새로운 장르의 문화 전반을 가리킨다.

그래피티 아트

스프레이, 페인트, 펠트펜 등을 사용해 벽에 그려진 낙서를 말한다. 60년대 뉴욕의 힙합 문화가 유행하면서 생겼다고 알려져 있다. 일본에서도 점포의 벽이나 터널의 벽에 낙서된 것이 늘었다.

릴레이셔널 아트 Relational Art

작품의 내용이나 형식보다 관계(relation)를 중시하는 예술작품. 관계성의 미학이라는 기본 콘셉트는 90년대부터 2000년대에 걸쳐 급증하였고, 설치 미술을 비롯한 새로운 타입의 작품, 지역 진흥을 중심으로 하는 커뮤니티 아트 등의 이론적인 뒷받침이 되고 있다.

리크리트 티라바니자 Rirkrit Tiravanija, 1961~

아르헨티나 출신의 태국인 아티스트. 태국식 볶음국수나 태국 카레를 대접하는 등의 퍼포먼스로 일약 주목을 받아 관객과의 커뮤니케이션을 중시한 릴레이셔널 아트의 일인자로서 1990년대의 새로운 아트의 개념을 개척했다.

리암 길릭 Liam Gillick, 1964~

뉴욕을 거점으로 활동. 작품 제작 과정에서 구축된 다양한 관계성에 중점을 두는 릴레이셔널 아트의 대표적인 작가로 알려진 길릭의 작품은 전부 생활의 예술화를 테마로 한다.

니콜라 부리오 *Nicolas Bourriaud, 1965~*
프랑스 출신의 이론가·큐레이터. 1998년에 간행한 저서 《관계성의 미학》에서 동시대의 작가나 작품을 관계(relation)의 창출이라는 관점에서 논한 데에서 이후 릴레이셔널 아트가 널리 유포되는 계기를 낳았다.

클레어 비숍 *Claire Bishop, 1971~*
영국의 미술비평가. 논문 〈적대와 관계성의 미학〉(2004년)에서 니콜라 부리오의 《관계성의 미학》 및 부리오가 릴레이셔널 아트라고 인정하는 리크리트 티라바니자, 리암 길릭 등의 작품을 비평했다.

토마스 허쉬혼 *Thomas Hirschhorn, 1957~*
파리를 거점으로 활동하는 스위스 출신의 설치 미술가. 전쟁·빈곤·민족 등의 테마를 중심으로 사회비판적인 작품을 발표했다. 사회를 현상 비판적으로 표현하는 폴리티컬 아트의 작가라고 일컬어진다. 중고 생필품이나 폐기물 등의 재료를 사용해 작품을 제작하는 것으로도 알려져 있다.

PART 3
실리콘밸리의 기업가는 미술을 어떻게 사용하는가

#실리콘밸리의 혁신가들과 아트
#제로에서 가치를 창출하는 창조적 활동
#아트와 비즈니스
#현대미술과 국제적 경영자
#선입견과 고정관념

01 실리콘밸리의 혁신가들

 미국의 비즈니스 현장에서 아트에 주목하는 이유는 실리콘밸리 등에서 새롭게 비즈니스를 창출하고, 성공을 이루어 온 사람들이 예술적 소양을 갖추고 있었던 것과 무관하지 않다.
 애플의 창업자 스티브 잡스는 문자 예술의 캘리그라피를 배웠다고 알려져 있다. 옛 야후의 전 CEO 마리사 메이어가 영향을 받은 것은 화가인 어머니였다.
 에어비앤비Airbnb 창업자 중 한 명인 조 게비아도 학창 시절 예술을 공부했고, 액션 카메라를 히트시킨 고프로GoPro의 창업자 닉 우드먼도 시각예술을 배웠다.

스퀘어square를 2009년 창업한 지 불과 10년 만에 시가총액 200억 달러 이상으로 성장시킨 짐 매켈비는 본인이 유리 공예 등을 다루는 아티스트이며, 그가 디자인한 스퀘어 리더기는 MoMA(뉴욕 근대미술관)에도 전시되어 있다.

이런 혁신가들이 공통적으로 미학을 즐겼기 때문에 아트와 비즈니스의 긴밀한 관계가 많은 이에게 관심을 불러일으켰다. 실제로 아트와 비즈니스는 깊은 곳에서 서로 영향을 준다. 예를 들어 아트, 곧 예술이란 제로부터 가치를 창출하는 창조적 활동이며, 비전과 그것을 실현시키기 위한 내적인 열정이 필요하다. 여기에서 예술을 기업가 정신으로 바꿔 보자. 그러면 기업가 정신이란 제로부터 가치를 창출하는 창조적 활동이며, 비전과 그것을 실현시키기 위한 내적인 열정이 필요하다고 할 수 있다. 비즈니스 관계자가 봐도 전혀 위화감이 없을 것이다. 앞서 든 세상의 혁신가들은 비즈니스 세계에서 성공을 거둔 예술가이기도 하다.

아티스트가 작품을 창작할 때는 항상 제로베이스에서 생각하지만, 비즈니스 세계에서도 기성 개념에 얽매이지 않고 제로부터 창조해 온 사람들이 있었다. 그것이 앞서 언급한 스티브 잡스이고, 조 게비아, 닉 우드먼이며 짐 매켈비다. 이 사회에 새로운 가

상품에 디자인을 접목시킨 기업, 애플

치를 가져오고, 사회에 영향을 준 사람들은 수학과 공학에서 예술까지 횡단적인 지식을 습득했다. 앞으로 그런 복합적인 인재가 여러 방면에서 점점 필요해질 것이다.

02 조직에 아트를 도입하는 기업

아트와 비즈니스의 관련성이 알려지면서 기업 중에도 조직에 아트를 도입하려는 움직임이 나타나고 있다. 화장품 회사 폴라POLA는 2016년부터 신입사원 연수에서 명화 감상을 하고 있고, 전일본 공수ANA도 2017년부터 글로벌 교양 능력을 습득하기 위한 사원 세미나에 서양 미술의 감상법을 추가했다.

해외에서는 메타 본사가 월 아트로 가득 차 있고, 세계 각국의 사무실에 아트가 장식되어 있는 것은 너무나 유명하다. 이에 대해 "제품과 커뮤니티는 항상 성장하고 있다. 완성되지 않고, 개발 중인 것과 마찬가지로 사무실도 제작 과정에 있는 아트 작품처럼 느껴져야 한다."라는 CEO 마크 저커버그의 생각이 담겨 있다고 설명했다. 실제로 저커버그의 컬렉션은 아티스트에 따라 표현 방법은 다양하지만, 모두 창의력이 돋보이는 작품뿐이다. 마이크로소프트도 기업 컬렉션을 가지고, 사내에 회화를 전시하는 것이 생산력 향상으로 이어진다고 공표하고 있다.

일본에서도 모넥스 그룹Monex Group이 10여 년 전부터 'Art in the office'라는 이름으로, 공모에서 선정된 아티스트의 작품을 한해 동안 전시하는 프로그램을 이어오고 있다.

내가 이전에 근무했던 베네세에서도 나오시마의 아트 프로젝트 외에 오카야마 본사나 도쿄 본부에 많은 현대미술을 전시하고 있어 평소에도 직원들이 현대미술을 접할 수 있는 환경이 조성되어 있었다. 전시를 교체해서 사무실의 이미지를 대담하게 변화시키는 것이다. 미술관처럼 한 번에 100점이 넘는 전시를 교체해서 직원들이 놀란 적도 있다. 담당했던 내가 하는 말이니 틀림없다.

이런 것은 어디까지나 사원 교육의 일환이지만, 앞으로 기업 총수에게도 아트적인 발상이 요구되는 시대가 올 것이다. 경영이념의 쇄신이나 새로운 비전의 책정 상황도 고려할 수 있다. 그런 부분이야말로 아트적인 발상에 따른 패러다임의 전환이 필요하기 때문이다. 단순한 개선이 아니라 기존과는 전혀 다르게 발상할 때 필요한 것이 제로부터 무언가를 만들어내는 아티스트의 사고법이다. 아티스트의 사고법이라고 하면 장벽이 높은 것처럼 느껴질 수도 있지만, 일상에서 아트를 접할 기회를 늘리기만 해도 몸에 익게 된다.

최근에는 비즈니스계의 미디어에서 아트에 대해 이야기하는 기사가 증가하고 있다. 교양으로 미술사를 배우거나 미술품 감상법을 해설하는 강좌를 듣는 등 아트에 주목하는 비즈니스 관계자가 확실히 늘고 있는 듯하다. 다만 착각하지 않아야 할 것이, 아트와 비즈니스는 실리적으로 직결되는 것이 아니라는 점이다. 얻은 지식을 바로 업무 성과로 연결하려는 발상은 예술과 거리가 먼 사고방식이다.

아트가 시사하는 것은 일종의 철학과 같으며, 간편하고 실용적인 기술에 관련된 부류가 아니다. 작품 해설만 봐도 평론가마다 정말 다양한 해석이 나온다. 해설자에 따라 주장이 상당히 다른 분야는 드물 것이다. 아트는 시점이나 삶의 방식 등 우리에게 포괄적으로 영향을 주므로 체계화하거나 언어화하는 일은 결코 쉽지 않다. 그런 것을 표면적으로 파악해 기획서에 넣으려고 해도,

콘셉트의 표면을 덧씌울 뿐 알맹이가 없는 것이 되기 쉽다. 확실히 작품의 감상을 통해 아트가 걸어 온 파괴와 창조의 역사를 알게 되면 다양한 깨달음도 있을 것이다.

그러나 아트를 접해서 자신이 변해가는 체험은 저장해 온 지식이 어쩌면 5년 후, 10년 후에 불쑥 어떤 것과 연결되고 나서야 비로소 실감할 수 있는 수준일지도 모른다. 아트를 접해서 얻을 수 있는 효과는 말하자면 우리 속에 침전물처럼 쌓여 사고나 인격에 깊은 영향을 준다. 그것은 즉각적인 효과는 없지만, 분명히 우리를 인간적으로 성장시킬 것이다.

03 　탄광의 카나리아

비즈니스 관계자에게 현대미술을 추천하는 이유는 1장에서도 잠시 언급했듯이 현대미술이 마치 '탄광의 카나리아' 같기 때문이다. 20세기 후반까지 탄광에서 일하는 사람은 유독가스의 위험을 감지하기 위해 카나리아를 데리고 있었다.

탄광에서 유독가스가 발생했을 때 인간보다 먼저 카나리아가 감지하고 지저귐을 멈췄다는 데에서 '탄광의 카나리아'란 어떤 위험이 임박했음을 알리는 전조를 가리키는 관용구가 되었다.

예술가나 시인을 최초로 탄광의 카나리아에 비유한 것은 커트 보니것이라는 미국 소설가였다. 보니것은 감수성이 뛰어난 예술가를 카나리아로 파악해서 아티스트는 세상의 불온한 공기를 빠르게 감지해 경종을 울려 위험을 알리는 역할을 담당해야 한다고 생각했다.

영상 설치 미술, 사진, 조각, 무대 작품으로 사회 시스템이나 집단의식에 의한 잠재적인 억압이나 지배를 비평적으로 표현해 온 아티스트, 다카미네 다다츠도 2012년, 미토예술관 현대미술 갤러리에서 열린 개인전에서 다음과 같이 말했다.

"우리 아티스트는 사회의 안테나 같은 존재로, 세상이 아직 깨닫지 못하고 있을 때 앞으로 일어날 큰 변화를 감지하는 이른바 탄광의 카나리아 같은 존재입니다."

앞서 아트는 시대와 연결된다고 말했는데, 아트는 시대의 분위기를 선점하는 존재이기도 하기 때문이다. 19세기 말 2차 산업혁명 속에서 사회가 격변하는 가운데 사람들이 어지러운 생활환경의 변화에 당황하고, 그 흐름을 따라가지 못하는 사람들은 자기 상실감과 강박관념을 느끼기 시작했다. 그런 시대에 당시 현대 아티스트였던 에드바르트 뭉크가 〈절규〉를 그린 것도 기계화로 인간이 자연으로부터 소외되어 고립된 상태를 가정하고, 정신을 파괴하려는 근대문명이라는 독가스가 임박했음을 카나리아처럼 빠르게 포착해 경종을 울렸기 때문이 아닐까?

    실제로 현대미술은 1980년대부터 LGBT, 지구환경의 변화, 발

절규, 에드바르트 뭉크, 1893

달장애, 다양성, 포괄성, 지속 가능성, 공유 경제 등을 테마로 삼아 왔다.

아트의 세계에서는 인간이 하늘을 나는 것을 그리스 신화의 이카루스의 날개나 레오나르도 다빈치 때부터 예언하고 있던 것이고, 드론도 만화〈도라에몽〉의 '타케콥터'와 비슷하다. 마침내 테크놀로지가 도라에몽을 따라잡아 앞지르면 '어디로든 문'이 현실화되는 시대가 올지도 모른다.

시대를 앞서 조명한다는 현대미술에는 이렇게 시시각각 변화하는 세상을 읽어낼 힌트가 많이 담겨 있는 것이다. 현대미술을 가까이해서 변화의 전조를 누구보다 빨리 알 수 있다면 그만큼 비즈니스 기회도 넓어질 수 있지 않을까?

특히 기업가는 사람들이 아직 깨닫지 못한 시대의 변화를 감지하고, 새로운 비즈니스 모델을 만들어야 한다. 그것은 아티스트가 미지의 세계를 그려내려는 행위와도 비슷할지 모른다.

04 왜 세계적인 기업가들은 현대미술을 좋아하는가

이전 가나자와에서 열린 심포지엄에서 아트 전문가들과 열띤 분위기를 만든 화제가 있다. "국제적으로 활약하는 비즈니스 관계자들은 왜 현대미술을 선호하는가?"라는 것이었다.

실제로 해외를 무대로 활약하고 있는 사람일수록 현대미술에 매료되어 있는 듯하다. 특히 서구에는 수준 높은 미술관이나 박물관이 갖추어져 있기 때문에 그런 곳에서 순수하게 감동을 받고 좋아하게 되는 경우가 있다고 한다. 교양주의가 서구 사회에 살아 있다는 이유도 있을 것이다. 해외에서 어린 시절을 보낸 사람 중에는 예술 문화에 이해를 보이는 사람이 많다. 서구 사회에

1 뉴욕현대미술관의 전경
2 빌바오 구겐하임 미술관 전경

서는 예술 일반의 역할이 사회 속에 침투되어 있기 때문에 어느 정도의 교육 수준이 있으면 일상생활 속에서 아트를 친숙히 즐긴다.

특히 현대미술은 자유분방한 팬이 많아서 현재 사회적인 추세인 글로벌리즘의 선두에 서서 다양성을 중요하게 생각하는 사람들이 많다.

05 스스로 생각하는
훈련

　　현대미술의 감상은 자신의 머리로 주체적으로 생각하는 훈련이 된다.
　　뛰어난 아티스트의 작품은 언제나 어떤 물음을 제기한다. 그 물음에 대해 감상자는 상상력을 발휘해 이해하려고 한다. 그렇게 작품이 완결되는 것이 현대미술이다. 결코 수동적인 감성으로 느끼면 되는 것이 아니다. '느끼다'와 함께 '생각하라'는 자세가 현대미술 감상의 기본이다.
　　하지만 생각해도 정답을 찾지 못할 때가 있다. 마르셀 뒤샹의 〈샘〉은 "변기가 왜 아트인가?"라는 주제인데, 정답은 아무도 모른다. 뒤샹이 해석을 전부 감상자에게 맡겼기 때문이다. 그래서 발표된 지 100년이 넘은 지금도 전문가와 팬들 사이에서 해석이 분분하다.

다만 그렇다고 해도 계속 생각하면 많은 아이디어와 관점을 발견할 수도 있다. 뒤샹의 작품에서 답이 중요한 것이 아니라 답을 찾는 과정에서 '생각한다'는 사고의 프로세스가 중요한 것이다(이것은 정말로 그렇다). 이 부분은 완전히 인생과도 같아서, 어떻게 살 것인지 추구하는 과정이 바로 본질이다.

"자신의 머리로 생각한다."라고 하면 당연한 말처럼 들리지만, 평소 생각하는 것을 습관화하지 못한 사람이 많은 것도 사실이다.

지금은 모든 정보를 전달할 때 쉽게 이해하는 것을 원하는 시대다. 미디어 세계에서도 일단 알기 쉬움이 중시되는 경향이 있다. 그 결과 생겨나는 것은 정보를 받는 사람의 사고 정지일 뿐이다.

우리는 모르는 것을 접해야 사고가 촉진되는 것이 아닐까? 아트 사고의 본질이란 모르는 것에 대해서 자기 나름대로 끈질기게 계속 생각하는 태도를 가리킨다.

인공지능이 모든 답을 내주는 시대에 필요한 것은 그래도 모르는 것을 이해하려고 하는 인간만의 끝없는 지적 호기심이다.

'안다'는 상태에도 여러 가지가 있다. "말로 이해할 수 있다."

"경험하고 나서야 알았다." "답이 여러 개 있다는 것을 알았다." "거의 모든 것을 알 수 없다는 것을 알았다."라는 식으로 '안다'는 상태 자체가 실로 다양하다. 그리고 모든 일에는 깊은 의미와 다른 해석이 겹겹이 쌓여 있다.

인간은 같은 사고로 같은 행위를 반복하는 생물이다. 또한 그렇게 해서 점점 사고가 굳어지는 경향이 있다. 그런 고정관념으로 같은 일의 반복을 멈추려면 머릿속에서 굳어진 상식을 일단 깨뜨려 보는 것이 필요하다.

우리가 당연하다고 생각하는 것을 한번 일부러 깨뜨려 보고, 의미를 되짚어 봐도 좋을 것이다. 현대미술에서는 그런 체험도 가능하다.

나오시마의 〈집 프로젝트〉 중에 안도 다다오가 설계한 미나미데라南寺라고 불리는 건축물이 있다. 그 내부에 제임스 터렐이 만든 설치 미술 작품인 〈백사이드 오브 더 문〉이 있는데, 그것도 그런 작품 중 하나다.

이 건물에 발을 들인 관객은 캄캄한 공간에서 벽을 타고 나아가 끝에 있는 벤치 걸터앉는다. 그대로 10분, 20분 빛이 전혀 들어오지 않는 어둠에 놓인다. 그러면 어둠 속에 희미하고 큰 직사

각형이 보이는 듯한 느낌이 든다. 그것은 어쩌면 기분 탓일지도 모른다. 보이는 것 같기도 하고, 아닌 것 같기도 하다는 생각을 반복하다 보면 이윽고 빛이 명확히 보이고, 어둠에 갇혀 있던 관객은 빛으로 해방된다.

조명이 변한 것이 아니다. 처음부터 희미한 빛은 존재했지만, 밝은 집 밖에서 방으로 들어간 관객은 동공이 닫혀 있어 이를 눈치 채지 못한다. 그러나 눈이 어둠에 익숙해지면 점점 동공이 열려서 빛과 어둠의 대비를 깨닫는 구조다. 이것을 한 번 체험한 사람은 누구나 일상에서 당연하게 느끼는 빛을 신기한 존재로 다시 파악할 수 있다. 아무리 희미한 빛이라도 어둠과는 전혀 다른 차원의 존재임을 다시금 이해하는 것이다.

빛이 존재한다는 것이 얼마나 안심을 주는 일인가. 그것은 우리가 세계를 느끼고, 그 안에 존재한다고 인식할 수 있는 것에 대한 안정감이다. 또한 평소에는 캄캄한 밤의 어둠 속에도 빛이 가득하다는 것을 실감할 수 있다. 어느 날 미나미데라에서 수리 작업을 마치고 밖으로 나가자 밤이 되어 있었다. 하늘은 캄캄하기는커녕 천지에 별이 빛나고 있었다. 자연의 세계에는 밤이라도 어딘가에 빛이 있고, 진정한 어둠은 없음을 새삼 실감했다.

우리는 터렐의 작품을 통해 빛을 체험했다. 그것은 사물을 비추는 반사광을 단순히 바라본 것과는 달리 빛에 휩싸여 빛 속에 있음을 알게 해준다.

현대미술에는 이처럼 평소 우리가 당연하게 느끼는 것을 파괴하는 작품이 많이 존재한다.

우리의 판단을 그르치게 하는 요인의 대부분은 선입견과 고정관념이다. 그러나 터렐의 작품 같은 예술을 만나면 머릿속에 달라붙은 선입견과 고정관념이 깨질 수 있다.

06   말과 감각으로 이루어진 미술

모처럼 해외에 체류하고 있어도 다른 문화와 도무지 섞이려 하지 않는 사람들이 있다. 다른 문화를 체험할 수 있는데, 참으로 안타깝다. 그보다는 현지의 사람과 교류해 이전과는 다른 가치관을 접해야 한다.

일본 축구계를 견인한 나카타 히데토시中田英寿는 예술 문화의 효용을 잘 알고 있다. 야마나시현 고후시 출신으로 국제무대에 일찌감치 나간 축구 선수인데, 지금은 공예와 사케라는 일본 문화를 세계에 소개하는 프로듀서이자 문화 홍보대사로 활약하고 있다.

나는 나카타와를 현대미술과 공예를 통해 어느 모임에서 알게 되었다. 어느 날 그에게 예술 문화에 관심을 느끼게 된 이유를 물은 적이 있다. 나카타는 이렇게 대답했다.

"세계에서 활약하다 보니 여러 나라의 셀러브리티들을 만나면서 예술 문화가 커뮤니케이션 도구가 된다는 것을 알게 되었습니다. 동시에 일본에 대해 전하지 못하는 나 자신이 답답했어요. 아무것도 모른다는 것을 알게 되었지요. 그래서 전 세계를 여행하는 한편 일본을 여행하면서 일본의 전통 공예와 사케가 사라져 가고 있는 현상을 알게 되었습니다."

몇 년에 걸쳐 나카타는 일본을 두루 돌아다니며 인간문화재와 술 만드는 기술자를 직접 만나 이야기를 듣고 실제로 제작을 체험하며 지식을 넓혀갔다. 그 수는 실로 엄청났다.

나카타가 대단한 것은 전 세계를 자신의 발로 철저하게 구석구석 돌면서 실제로 경험한다는 점이다. 이것은 단순한 지식이 아니라 자신의 경험을 통해 터득한 지식이다. 그리고 가장 중요한 것은 그때 얻은 실감일 것이다.

이것만큼은 남의 이야기를 듣는 것만으로 얻어지는 것이 아니다. 나카타는 일본 전국의 이름난 산지를 몇 번 방문한 적이 있지만, 이야기를 들은 후에 반드시라고 해도 좋을 정도로 직접 작품을 제작하거나 체험했다. 도자기라면 흙을 반죽해 보고, 금속 가공이면 망치로 쇠를 두드려 펴보기도 했다. 때로는 하루 종일 머무르면서 몇 시간이나 제작 과정을 체험했다.

나카타에게 왜 체험을 하는지 물었더니 "그곳에 있어야 알 수 있는 것이 있으니까요."라는 대답이 돌아왔다. 간단한 답변이지만 매우 중요한 내용을 담고 있다. 나카타는 말만으로는 얻을 수 없는 것이 존재한다는 것을 알고 있다.

언어가 아닌 감각까지 총동원해서 깊이 이해한다는 것은 아무리 편리한 세상이 되어도 필요한 일이다. 또한 편리해질수록 오감을 통할 필요가 생긴다. 정신론으로 땀을 흘리라고 말하는 것은 아니다. 인간은 말 이외의 많은 것을 통해서 다양한 정보를 얻고 있기 때문이다. 그것이 가장 두드러지는 대상이 예술과 공예일 것이고, 말과 감각으로 이루어진 미술이 현대미술이다.

나카타의 팬은 물론 전 세계에 있고, 이른바 셀럽인 사람들도 있다. 스포츠와 동시에 문화와 예술도 사랑하는 사람들이다. 그 사람들과의 교제는 문화를 통해 이루어지며, 단순한 비즈니스 네트워크와는 다르게 확장된다. 그곳은 비슷한 가치관을 공유하면서 창의적인 감성을 높이고 있는 이른바 문화 커뮤니티 같은 자리다. 그렇게 쌓은 인맥과 커뮤니케이션이 때때로 큰 비즈니스로 연결될 수 있다.

나카타의 예시는 그가 특별하다는 말이 아니다. 비슷하게 개인적으로 다양한 국제적인 네트워크를 가지고 활약하고 있는 사람들이 존재하고 있어 문화와 비즈니스를 연결하며 활성화시키고 있다고 한다.

그런 사람들은 큰소리로 일본의 나쁜 점이나 문제점을 다른 사람에게 말하지 않는다. 공예는 과거의 기세를 잃고, 인기가 떨어진 미술 중 하나로 손꼽히지만, 전부 그런 것은 아니다. 잘되는 작가는 국제적으로 활약하면서 좋은 활동을 보여주고 있다. 와지마輪島에 운류안雲龍庵이라는 현대 칠공예 그룹이 있는데, 런던 빅토리아 앤드 알버트 미술관에서 생존 작가 최초로 개인전을 개최했다고 할 정도이며, 주로 해외에서 활동한다.

내가 큐레이션을 맡은 전람회에서 새롭게 대두된 현대미술화되는 공예를 소개한 '공예미래파'전을 2012년에 가나자와 21세기 미술관에서 개최했는데, 그 출품 작가로 운류안을 알게 되었다. 전시회를 준비하며 그의 작품을 빌려야 할 일들이 있었다. 그때 알게 된 사실은 그의 작품 대부분이 해외 수집가들이었다는 것이다.

이 과정에서 오스트레일리아에 거주하는 대부호 건델 부부를 알게 되었고, 이후로도 좋은 관계로 지내고 있다.

건델 부부는 부동산, 미술관, 레스토랑 경영, 와인 제조까지 폭넓게 사업을 운영하는 경영자로 여러 회사를 소유하고 있다. 문화적인 것을 매우 좋아하고, 미술에도 조예가 깊으며, 멜버른 국립 미술관 일본 갤러리의 일실은 부부의 기부로 조성되었다. 게다가 그곳의 전시품인 칠공예에서 이마리 도자기까지 수백 점에 이르는 작품도 기증으로 구성되었다. 그들은 와지마에 작품을 보러 올 때면 언제나 개인 전용기를 타고 날아오는데, 나도 몇 번 동승을 했고, 오스트레일리아에 방문했을 때는 많은 유력자를 소개받았다.

이런 사람들은 역시 좋은 작품에 흥미를 보이고, 본격적인 것을 좋아한다. 현대미술의 재미있는 작품과 전 세계에서 화제가 되는 것에 관심을 보이고, 실제로 체험하며 그곳에서 새로운 인간관계도 만든다. 여러분도 언제 세계의 셀럽들과 만날 기회가 돌아올지 모른다. 그러기 위해서라도 글로벌 커뮤니케이션 도구인 아트 지식 정도는 알아 두는 편이 좋다.

07 모르기 때문에 재미있다

 현대미술은 사전에 학습하지 않고, 갑자기 감상하여 쉽게 이해할 수 있는 것이 아니다. 나도 작품을 보고 평가에 당황하는 경우가 자주 있다. 작품의 문맥을 통해 짐작해서 이해할 수 있는 부분도 있고, 모르는 부분도 있다. 솔직히 말해 그렇다.
 다만 그것을 알고자 하는 과정의 즐거움이 현대미술의 매력이다. "모르니까 재미없다."가 아니라 "모르니까 재미있다."라고 할 수 있다.
 애초에 관찰한 대상을 안다는 것은 무엇을 가리키는 것일까? 《본다, 안다, 전한다》의 저자 하타무라 요타로에 따르면, 아트에

국한되지 않고, 모든 사상은 몇 개의 요소가 뒤얽힌 형태로 어떤 구조를 만들어내고 있다고 한다.

게다가 구조는 하나가 아니라 복잡하며, 그 속에도 여러 가지 요소가 내포되어 있다. 그 구조와 요소의 모든 것을 이해하기는 불가능하다. 열 가지 요소 중 네 가지밖에 모른다. 그래도 우리는 그것을 아는지 모르는지 자신의 머릿속에 가지고 있는 요소와 구조와 합치하는지 아닌지로 순식간에 판단한다.

사람은 네 개의 요소밖에 몰랐다고 해도, 그것이 어느 정도 자기 머릿속의 템플릿에 겹치면 열 개의 요소 전부를 알았다고 여긴다. 아직 이해되지 않은 여섯 개의 요소가 있음에도 단 네 개의 요소만으로 추측해 판단한다.

비즈니스 현장만이 아니라 그런 추측으로 대상을 판단하고 있는 단계에서는 대상물을 올바르게 이해하고 있다고는 말할 수 없다. 우리는 그렇게 '알았다는 생각'으로 여러 가지를 판단하고 있을 위험성이 있다. 비즈니스 상황에서도 전하는 측과 받아들이는 측의 추측에 의해 정보가 정확하게 전달되지 않는 일은 자주 벌어진다.

현대미술을 감상하고 있으면 "여기까지는 알겠지만, 저기부터는 모르겠다."라는 경우가 종종 있다. 알려는 노력을 계속하다 보면 모르던 것을 알게 되기도 한다.

　현대미술을 감상하고 아는 부분과 모르는 부분을 정리하고, 모든 것을 알 수는 없다고 생각한 뒤에 '모르는 부분에는 내가 모르는 무엇이 있을까?'라고 생각해 본다. 그런 식으로 사고를 정리할 수 있다면 모든 사상에 대해 겸허하게 마주할 수도 있지 않을까? 현대미술은 그런 사고의 정리에도 틀림없이 도움이 될 것이다.

한 줄로 이해하는 현대미술
03

1. 사회에 새로운 가치를 가져오고, 영향을 준 사람들은 횡단적인 지식을 습득했고, 그런 복합적인 인재가 점점 더 필요해질 것이다.

2. 기업 총수에게도 아트적인 발상이 요구되는 시대가 올 것이다.

3. 단순한 개선이 아니라 기존과는 전혀 다르게 발상할 때 필요한 것이 제로부터 무언가를 만들어내는 아티스트의 사고법이다.

4. 아트와 비즈니스는 실리적으로 직결되는 것이 아니다.

5. 아트와 접해서 얻을 수 있는 효과는 즉각적이지 않지만, 분명히 우리를 인간적인 성장으로 끌어줄 것이다.

6. 시대를 앞서 조명한다는 현대미술에는 시시각각으로 변화하는 세상을 읽어낼 힌트가 담겨 있다.

7. 현대미술은 자유분방한 팬이 많아서 현재 사회적인 추세인 글로벌리즘의 선두에 서서 다양성을 중요하게 생각하는 사람들이 많다.

8. 현대미술을 안다는 것은 세계의 규칙을 안다는 의미이기도 하다.

리더들이 반드시 알아야 할 현대미술 개념
03

베네세 홀딩스 Benesse Holdings
1995년 오카야마시에서 후쿠타케 서점으로서 창업했다. 신켄제미라는 학습지를 주력 사업으로 하며, 빨간펜 선생이라고 불리는 첨삭 지도원으로 유명한 베네세 코퍼레이션을 핵심으로 한다. 어학원이나 돌봄 등 폭넓은 사업을 전개하는 도쿄증권 일부 상장기업이다.

마리사 메이어 Marissa Mayer, 1975~
미국 IT업계 기업인. 구글 입사 후 검색 제품 및 사용자 경험을 담당했다. 입사 6년 후인 2006년에 부사장으로 승진했다. 그 후 구 야후로 전격 이적해 CEO가 되었지만 2017년, 구 야후가 버라이즌에 매각됨과 동시에 2,300만 달러의 퇴직금을 받고 퇴사했다.

조 게비아 Joe Gebbia, 1981~
에어비앤비의 공동창업자. 로드아일랜드 주의 미술 대학에서 훗날 또 다른 창업자가 되는 브라이언 체스키(Brian Chesky)를 만나 에어비앤비를 창업해 일약 성공을 거두었다.

닉 우드먼 *Nick Woodman, 1975~*
GoPro Inc(고프로사)의 창설자이자 CEO. GoPro는 스포츠의 동영상 촬영을 목적으로 한, 튼튼하고 방수가 되는 소형 경량 디지털 비디오카메라를 말한다. 본인이 서핑을 하는 모습을 기록해 영상에 남기고 싶은 마음에 신체나 탈것에 장착하는 소형의 경량 웨어러블 카메라를 고안했다.

짐 매켈비 *Jim McKelvey, 1965~*
미국발 모바일 결제 서비스 스퀘어를 2009년 잭 도시(Jack Dorsey)와 공동으로 창업했다. 재능 있는 프로그래머를 업계에 상위 기업에 알선하는 비영리 단체 Launch Code의 공동 창설자이기도 하다.

MoMA 뉴욕 근대미술관
맨해튼 미드타운 53번지에 있는 현대미술 전문 미술관. 뉴욕 근대미술관(The Museum of Modern Art, New York)의 앞글자를 따서 MoMA라고 불리며 사랑받아 왔다.

미토예술관 현대미술갤러리
미토 시제 100주년을 기념해서 1990년 개관한 복합 문화 시설. 음악, 연극, 미술 3개 부문이 각각 자체 기획을 통해 다채롭고 매력 넘치는 사업을 전개하고 있다. 관장은 세계적인 지휘자 오자와 세이지이다.

에드바르트 뭉크 *Edvard Munch, 1863~1944년*
노르웨이의 국민 화가이자 세계에서 가장 잘 알려진 명화 중 하나인 〈절규〉를 그린 근대 회화의 거장이다. 만성적인 정신질환으로 입원하는 등 삶과 죽음에 대해 지대한 관심을 갖고 있던 예술가로, 이런 주제를 강렬한 색채나 반추상적인 형태로 그렸다.

절규
에드바르트 뭉크가 1893년에 제작한 뭉크의 대명사라고 할 수 있는 유채화 작품. 그 밖에도 파스텔화나 석판 인쇄 등으로 제작한 같은 구도의 〈절규〉가 5점 존재한다. 뭉크에게는 불안을 주제로 한 작품군이 있는데, 절규는 그중 하나다.

안도 다다오 安藤忠雄, 1941~
독학으로 건축을 공부해서 1969년 안도 다다오 건축 연구소를 설립했다. 자연과 건축의 조화를 추구하는 작풍으로 알려져 있다. 프랑스 건축 아카데미상, 건축계의 노벨상으로 불리는 프리츠커상 외 다수의 수상 이력이 있다.

백사이드 오브 더 문 Backside of the Moon
나오시마 집 프로젝트로 안도 다다오의 목조 건축인 미나미데라에 설치된 제임스 터렐의 작품. 어둠 속에서 빛을 자각하기를 기다리는 설치 미술 작품이다. 나오시마를 대표하는 아트 작품의 하나이다.

커트 보니것 Kurt Vonnegut Jr., 1922~2017
현대 미국 문학을 대표하는 소설가 중 한 명이다. 작품에는 시니컬한 유머가 넘치면서 심오하고, 명언으로 가득 차 있다. 대표작으로 《타이탄의 세이렌》, 《고양이 요람》 등이 있다.

PART 4
그들은 미술관에서 자신을 마주한다

#비전

#자유, 주체성

#목숨을 건 도약

#컨템포러리 크래프트

#베네치아 비엔날레

#프로듀스 비즈니스

01 모든 경험은 작품이 된다

지금부터는 내가 대학을 졸업한 후 40년 동안 나오시마를 비롯한 아트의 최전선에서 만난 아티스트들의 이야기를 하겠다. 아티스트란 도대체 어떤 사람들일까? 여러분에게는 가까운 존재가 아닌 경우가 많을 테니 설명을 더해 보겠다.

아티스트는 성공 법칙이나 정석이 없는 필드에서 홀로 직접적으로 사회와 관계를 맺는다. 특히 재능이 넘치는 아티스트는 굳건한 전략가로 야생동물 같은 감을 가지고 있다. 직접적으로 사회와 관련된 아티스트가 세계와 관계를 맺는 방법이야말로 인터넷 등의 보급에 따라 간접적으로만 사회와 관계를 맺게 된 현대인들이 본받아야 할 점일 수도 있다.

뛰어난 아티스트는 항상 자신이 접하는 것을 당사자로 마주하고, 마치 무대의 중앙에 있는 듯한 자세로 임한다. 사실여부는 문제가 아니다. 아티스트는 자기만의 시점으로 세상을 바라보고 있다는 자부심을 가지고 있으며, 자아에 대한 믿음이 남달리 강하다.

아티스트라는 하나의 캐릭터가 있는 것이 아니라 비즈니스 관계자 같은 사람도 있고, 학자 느낌, 정치가 느낌, 노숙자 느낌, 크리에이터 느낌 등 다양해서, 사람의 수만큼 아티스트의 형태가 있다고 볼 수 있다. 좋은 아티스트는 본래의 자신에게 현재 삶의 방식을 잘 적응시키고, 적어도 사회적으로는 강렬하고 개성이 뚜렷한 사람이다.

또한 리스크를 살피지 않는다는 점에서는 비즈니스 필드로 말하자면 창업자 마인드를 가진 사람들이라고 해야 할까? 자신의 생애를 걸고 계속 투자하는 사람들이다.

내가 베네세에서 근무하고 있을 무렵 당시 사장이었던 후쿠타케 소이치로에게 "비즈니스에서 성공하는 비결은 무엇입니까?"라고 물은 적이 있었다. 그러자 후쿠타케가 이렇게 대답했다.

"성공할 때까지 멈추지 않으면 된다."

당연한 말이지만, 성공의 열쇠는 이를 할 수 있느냐 없느냐다. 아티스트는 직업을 선택한 시점에서 이미 멈추지 않는 길을 선택한 사람들이다.

내가 나오시마에서 일하던 시절에 작품을 제작한 미국의 제임스 터렐은 대학과 대학원에서 지각심리학, 수학, 지질학, 천문학, 예술학 등을 공부한 사람이었다. 한편으로는 매우 호쾌하고 용감한 성격이면서, 미국 서부영화에 나오는 영웅 같은 사람이었다. 일이 닥치면 약자에게 약하고 강자에게 강한, 정의감이 넘치는 사람이다.

아티스트라고 하면 내성적인 사람을 떠올릴 수도 있지만, 터렐은 전혀 반대의 성격이었다. 취미도 다채롭고, 클래식한 비행기를 탔다. 험프리 보가트Humphrey Bogart와 잉그리드 버그만Ingrid Bergman이 함께 출연한 영화 〈카사블랑카Casablanca〉의 마지막 장면에 등장하는 '록히드 L-12 일렉트라'라는 매니악한 기종의 비행기와 그 외에도 몇 기를 소유했으며, 소형기는 일상적으로 타고 다녔다(나도 몇 번인가 터렐이 조종하는 비행기를 타본 적이 있다).

터렐이 젊은 시절의 이야기인데, 중국이 티베트를 침공했을 때는 티베트 승려를 국외로 도피시키는 일을 하다가 두 번 중국군에게 격추당한 경험이 있다고 한다. 비행 기술이 상당했던 모양인지 의용군으로 지원해서 임무를 수행했다. 당시 16~17세였던 것 같다. 당연히 생사를 넘나들었던 경험이 있었고, 그후 미국으로 돌아가서 비행 실력을 인정받아 톰 크루즈가 주연하는 영화 〈탑건Top Gun〉의 제트기 전투 장면에서는 아크로바틱 비행의 대역을 맡았다.

터렐만큼 다재다능한 사람도 드물지만, 우리가 생각하는 것보다 아티스트들은 활동적이고 사회적이다. 여성이든, 남성이든, 서양인이든, 아시아인, 아프리카인이든 모두 비슷하게 굳세다. 그리고 자신이 살고, 경험한 것에 대해 자부심을 가지고 있고, 그런 경험을 모두 아트로 승화시키려고 한다. 행운도 불운도 없이 모든 것을 아트로 바꿔나가는 것이 아티스트가 아닐까?

장애를 가진 아티스트도 많지만, 그들은 장애를 극복하거나 잘 어울리면서 강렬하게 살아있는 생명을 완수하려고 한다. 자신의 모든 것을 걸고 있는 그곳에서 나는 인간적인 진정성을 느낀다.

02 고독하거나 제멋대로인 존재

아트는 사고와 감성의 순수한 표현물로 진화해 왔다. 제작하는 주체인 화가나 조각가 등의 아티스트가 자신의 상상력과 의지로 제작한 것이 바로 아트 작품이다. 그래서 아트는 완전한 아티스트 본위의 산물이라고 한다. 예외를 제외하고는 클라이언트가 없고, 누군가의 의뢰를 받아 만드는 것도 아니다(비록 클라이언트가 있다고 해도 자유롭게 제작한다는 기본 자세는 변하지 않는다).

아트가 누구에게도 의뢰받지 않고, 아티스트의 독자적인 생각으로 탄생한다는 것은 매우 흥미로운 점이다. 이것은 자기 마음대로 제작하는 것이며, 자신을 위해 만든다는 의미다.

바스키아 전시 모습

　만약 본인 이외에 아무도 필요 없다고 말한다면 그것은 아트 작품으로 성립되는 것일까? 이런 물음은 흥미롭지만, 아트가 표현물에 속하는 한 특정한 상대를 필요로 하지 않는다. 그런 관점에서 생각하면 아트는 디자인과 분명히 다르고, 고독하거나 제멋대로인 존재다.

　이것은 어떠한 조직에 속해 그 안에서 일을 하는 비즈니스 관계자는 상상도 할 수 없는 환경이다. 자유가 주어지는 대신 모든 것이 자신이 하기 나름이고, 일체의 사회적·경제적 뒷받침이 없기 때문에 담력이 필요한 생활방식이다.

바스키아 기념 우표

전례 없는 예술을 탐구하는 아티스트의 고독은 때때로 자신의 사업을 시작한 창업자의 고독과 대비되는데, 인터넷 의류 회사의 경영자였던 조조의 마에자와 유사쿠가 바스키아 Jean Michel Basquiat 에 감정을 이입해서 작품을 손에 넣기 위해 수백억 엔을 들여 구매한 것도 그 재능과 동시에 고독에 대한 공감이 있었을지도 모른다.

03 아티스트처럼 성공하는 법

　나오시마 시절 세계적으로 유명한 건축가 안도 다다오와 건축과 아트의 차이에 대해 이야기한 적이 있다. 그때 역시 클라이언트가 존재하는지, 존재하지 않는지에 관한 문제가 이야깃거리가 되었다. 그 후 안도가 현대미술의 도를 넘는 기묘함을 떠올렸는지 "저건 안 돼!"라고 웃으며 말했던 기억이 난다. 안도의 건축은 매우 개성적이다. 때때로 클라이언트가 "저곳에서 살지 못할 것 같다."라고 이야기할 정도로 자기표현이 강한 안도가 보기에도 현대 아티스트는 자아가 아주 강하고 자유로운 사람들인 것이다.

　여러분에게 이런 식으로 아티스트처럼 되라는 말은 아니지만,

조직에 있는 경우에도 독립심과 마음의 자유가 있는 편이 좋다 (요즘 시대는 오히려 이런 정신을 가져야 할지도 모른다). 오히려 조직과 자신의 희망이 100퍼센트 일치하는 편이 기분 나쁠 것이다. 또 조직에서 독립해 스스로 사업을 일으켜 나가는 사람은 아티스트적인 기질이 많다는 생각이 든다. 아티스트는 일반적으로 눈치가 없는 편이지만, 비즈니스 관계자도 비슷한 사람이 개성적인 일을 할 수 있다고 본다.

아트는 자유롭고 주체적인 존재다. 그것을 만들어내는 아티스트도 비전을 가지고, 그것을 실현하는 것을 우선시하는 자유로운 마음을 가진 주체성 있는 사람들이다. 클라이언트가 있고, 그 사람들을 대면해서 과제를 해결하기 위해 제안을 하는 디자인과 비교하면, 아트는 상당히 제멋대로인 존재처럼 보일 것이다. 다만 사회에 대한 목적을 설정하는 방법이 디자인과는 조금 다르고, 장기적인 안목을 갖춘 보편적인 명제가 되기 쉽다고 생각하면 납득이 갈지도 모른다.

이런 존재 때문에 예술은 상당히 운이 좋지 않으면 사회적, 경제적으로 보상받지 못한다. 예를 들어 현대미술이 전위라고 불리던 20세기 초부터 중반까지 현대미술은 분명히 시대의 한구석에 있었고, 과격한 말을 하던 소수파일 뿐이었다. 경제적으로도 혜택을 받지 못했다. 그런데 1950년대, 60년대 무렵부터 현대미술은 미국을 무대로 확대되어 아트의 중심적인 조류가 되어갔다. 80년대, 90년대에는 세계 미술사를 현대미술로 다시 칠했고, 지금은 세계 곳곳으로 확장되고 있다.

현대미술의 흐름을 돌이켜보면 비록 지금은 소수파일지라도 결코 포기할 필요는 없다는 생각이 든다. 시대가 바뀌면 흐름이 바뀌고, 주변의 것들이 중심으로 뛰쳐나오는 일은 역사 속에 존재했다. 이처럼 어떤 것이든 주류로 도약할 가능성을 내포하고 있기에 강한 신념을 가지고 일관된 자세로 지속하는 것이 중요하다.

04 세계의 흐름을 읽고 자신의 특징을 안다

고흐 같은 광기의 천재와는 확연히 다르게 극히 이성적인 태도로 미술사에 혁명을 일으킨 아티스트들도 있다. 소개할 화가는 각 사물의 고유색을 무시하고 자신의 내면에 충실하게 색채를 구사해서 색채 혁명을 일으킨 포비즘(야수파)의 기수 앙리 마티스다.

마티스가 일으킨 포비즘은 빨강, 노랑, 초록 등의 원색을 대담한 필치로 그리는 것으로, 당시에는 폭력적으로 보이기까지 했다. 마티스는 회화 역사의 흐름을 배우고, 역사를 부감해서 자신이 표현하는 위치를 상대적으로 이해한 뒤, 다음 시대의 회화로써 전략적으로 포비즘을 실행했다. 마티스는 고흐나 고갱이 시도

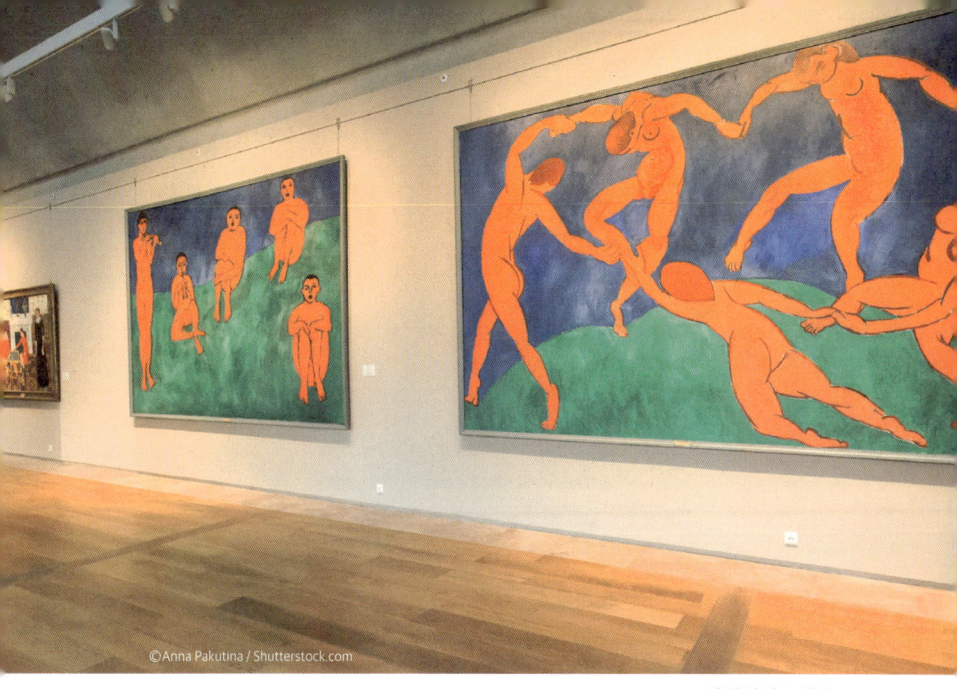

앙리 마티스 전시

한 색채를 통한 감정 표현의 패턴을 받아들이는 형식으로 의도적으로 이런 대담한 작품을 만들어 세상에 물음을 던졌다.

고흐는 털실구슬을 이용해 보색을 독학으로 연구했다고 하는데, 20세기 초에는 우리의 뇌가 외부로부터 받는 빛의 신호를 어떻게 받아들이고 색을 인식하는가 하는 색채 이론이 화가들에게 보급되었다. 마티스는 그런 이론을 참고하면서 과학적 태도로 색

1 꽃 피는 아몬드 나무, 반 고흐, 1890
2 해바라기, 반 고흐, 1889

상을 선택해 감정을 표현해 나갔다.

 마티스는 대담한 필치와 색을 사용하기 때문에 '포브(야수)'라고 불렸지만, 당사자는 매우 명석하고 이지적인 인물로 전통적인 회화 기법을 제대로 익힌 다음에 미술사의 문맥적인 흐름을 타면서 포비즘을 세상에 내보냈다. 전략적으로 자신을 프로듀싱하는 아티스트는 어느 시대에나 있지만, 지금도 변함없이 필요한 능력이다.

 다음으로 100년 정도 현대로 와서 소개할 사람은 스기모토 히로시다. 지금은 세계에서 가장 유명한 일본인 아티스트 중 한 사람이 된 스기모토도 지극히 전략적인 활동을 보이고 있다. 뉴욕을 거점으로 하는 스기모토는 아직 미술의 표현으로 확립되지 않았던 사진을 활용해 일본적인 치밀함을 미니멀리즘, 콘셉추얼리즘이라는 서구의 미술 속에 이식해서 세계적인 평가를 받은 아티스트다.

한번 세계 무대에서 평가를 받은 후 스기모토는 다음에 그 포지션을 살려 헤이안 시대나 에도 시대 속에 잠든 일본 미술의 독자적인 장식성이나 평면성을 재평가해서 일본의 고전적인 양식미를 세계적인 문맥 속에 다시 두었다. 세계에서 보면 토착적이고 지방색이 강한 일본 미술을 세계 미술의 맥락 속에서 보여준 것이다. 그뿐 아니라 건축과 정원 설계로도 규모를 넓혀 자신이 이상으로 하는 아트 사이트를 오다와라에서 실현하고 있다(오다와라 문화재단 에노우라 기상대). 일본 미술을 현대의 문맥으로 바꿔서 현대미술로 제시하고 있다는 점이 스기모토의 대단한 점이다.

스기모토는 뉴욕에서 현대미술을 시작한 적도 있고, 세계 아트의 표준은 서구에 있다는 것을 뼈저리게 피부로 느껴 온 사람이다. 서구 이외의 아트는 변방이라는 것을 알고, 서구의 문맥에 편입되어야 인정받을 수 있다고 냉정하게 분석했다. 그 생각에 따

Glass Tea House Mondrian, 스기모토 히로시, 2014

라 스기모토는 전략적으로 사진 분야에서 먼저 세계적으로 알려졌고 건축, 정원 등의 종합적인 표현으로 나아갔다. 사진이라는 표현으로 세계적인 아트의 문맥 속에서 포지션을 구축한 뒤 자신이 정말로 하고 싶은 것을 실행해 나간 것이다.

　스기모토의 절충적인 표현에는 찬반도 있지만, 세계적인 규칙으로 싸운다는 자세를 일관하고 있다. 아트에서 문맥을 소중히 한다는 것은 비즈니스의 세계에서도 중요하다. 세계의 흐름을 읽고 자신의 특징을 안다. 어쩌면 그 속에 혁신을 일으키기 위한 힌트가 숨겨져 있을지도 모른다.

05 어떻게 영감을 얻을 것인가

아티스트에게는 직감과 번뜩이는 영감도 중요하다. 오카모토 타로岡本太郎를 예로 들어 보겠다. 그는 저서에서 다음과 같이 말했다.

"변덕이든 뭐든 상관없다. 문득 끌리는 것이 있으면 계획성을 생각하지 않고, 뭐든 좋으니까 그때 불쑥 하고 싶은 것에 손을 대 보면 좋다. 신기하게도 내가 원할 때는 그 마음에 반응하는 것을 자연스럽게 알 수 있다." (《강하게 살아가는 말》 이스트 프레스)

파블로 피카소도 전혀 계획성 없이 무작정 창작을 하던 사람이었다. 피카소의 창작 의욕은 대단했지만, 정해진 규칙이나 일정 같은 것은 없었다고 한다.

피카소는 하나의 작품을 완성하기 전에 새로운 예술적 직감이 떠오르기 때문에 미완성 상태로 방치된 그림도 많다. 친구였던 사바르데스에 따르면 "생각난 것을 완수하기 전에 바로 다른 일에 착수하기 때문에 한 가지 일을 끝낼 시간이 도저히 없다."라고 여러 번 말했다고 한다.

예술가라고 하면 무심코 오카모토 타로나 피카소처럼 영감이 하염없이 솟아오르는 천재적인 자질을 가진 사람을 연상할지도 모르지만, 영감에만 의지하지 않고 창작하는 예술가들도 많이 존재한다. 〈백조의 호수〉, 〈잠자는 숲속의 미녀〉, 〈호두까기 인형〉 등의 명곡을 남긴 클래식 음악계의 거장 차이콥스키 Pyotr Tchaikovsky는 다음과 같이 말했다.

"영감을 기다리면 아무것도 쓸 수 없다. 나는 매일 아침 반드시 작곡을 한다. 그러면 신이 영감을 보내주신다."

소설가 무라카미 하루키村上春樹도 잡지 인터뷰에서 이렇게 답했다.

"어쨌든 자신을 페이스에 올려야 합니다. 자신을 습관의 동물로 만들어야 합니다. 하루에 열 장을 쓰기로 결정하면 무슨 일이 있어도 열 장을 씁니다. (중략) 지금 내가 그렇게 말하면 대단하고 감탄하는 사람이 꽤 있지만, 예전에는 그런 말을 하면 진지하게 바보 취급을 당했어요. 그런 건 예술가가 아니라면서. 예술가는 마음이 내키면 쓰고, 내키지 않으면 쓰지 않는, 마치 타임 레코더를 누르는 식으로 글을 쓰면 변변한 것이 나오지 않습니다. 원고는 마감이 왔을 때부터 쓰는 것이라는 말을 자주 들었습니다. 하지만 나는 그렇게 생각하지 않았어요." (《생각하는 사람》 신초샤/2010년 8월호)

실제로 오카모토 타로나 피카소처럼 창작 의욕으로 가득한 사람을 제외하면 많은 아티스트가 우연히 영감이 번뜩이는 것에 대해 과도한 기대를 하지 않는다. 오히려 대성하지 못한 아티스트일수록 생각만 하고 손을 움직이려 하지 않는다. 일단 움직이면서 생각한다. 그러다 보면 자연스럽게 집중해서 영감을 얻을 수도 있다.

06 자신의 내면에서 솟아오르는 것을 마주한다

디자이너는 자신의 바깥쪽에 있는 과제를 마주한다. 그에 반해 아티스트는 자신의 내면에서 솟아오르는 것을 마주하고 있다. 거기에 프레임(형태)은 없다. 아트는 과거의 프레임을 파괴한 후에 새로운 프레임을 만들어 내고, 시대와 패러다임을 진행시켜 나가는 작업이라고 할 수 있다.

새로운 프레임을 만들 때 마케팅은 도움이 되지 않는다. 왜냐하면 아트는 시장이 아니라 항상 자기 자신 안에 있기 때문이다. 다만 아티스트 안에서 나타나는 것도 정확히 말하자면 세계 어딘가에 있는 것이 아티스트를 통해서 나온 것이다. 이처럼 아티스트는 정보 매체, 즉 일종의 미디어이기도 하다.

비즈니스의 세계에서도 파괴적 혁신은 마케팅으로부터가 아니라 '그것을 해 보고 싶다.' '하지 않을 수 없다.'라고 생각하는 사람의 내면에 있는 충동에서 생겨나지 않을까?

애플의 전 부사장(마케팅 담당)으로 2005년부터 2011년까지 스티브 잡스와 함께 일했던 앨리슨 존슨Alison Johnson에 따르면 잡스는 마케팅이라는 말을 싫어하며 다음과 같이 말했다고 한다.

"고객이 원하는 물건을 제공하라는 사람도 있다. 하지만 내 생각은 다르다. 고객이 앞으로 무엇을 원하게 될지 그것을 고객 본인보다 더 빨리 파악하는 것이 우리의 일이다."

탄광의 카나리아처럼 잡스도 예민한 후각으로 다음 시대의 니즈를 구분하고 있었다.

"내면의 목소리를 들어라."

잡스의 유명한 이 스피치처럼 그도 자신의 충동에 이끌리고 있었다. 중요한 것은 어떻게 내면의 소리를 들을 수 있는가이다. 잡스는 선불교에 심취했다고 알려져 있다. 선불교야말로 현대미술의 사상 경향에서 말하는 철학적인 시점과 일상적인 시점을 동시에 가진 종교다. 많은 종교가 커다란 사상에만 주의를 기울이는 경향이 있는데, 선불교는 커다란 사상과 작은 일상의 차이를 메우고, 양쪽의 양립을 목표로 '매일 수행─생활'을 보내는 실천의 종교다. 하나의 도그마(교의)에 얽매이지 않고, 얼마나 높은 차원의 생활을 할 수 있는지, 고정화된 교의보다 삶의 방식을 묻는다.

전후 시기 미국 서부 해안에 퍼진 동양 철학을 바탕으로 한 정신 문화에 잡스는 영향을 받았고, 선불교에 흥미를 품어 경험과 직감을 소중히 여기는 자세를 배웠다. 잡스가 다룬 혁신적인 제품은 선불교 사상에서 매우 영향을 받았다고 알려져 있다.

뇌과학자 모기 겐이치로는 사상을 읽어내는 방식이나 파악하는 방식을 문맥과 감동이라는 두 가지 요소에서 이야기하고 있다(《지추 토크2 미를 살아간다》뇌 속의 미를 찾아서─상호작용하는 개체는 어떻게 다시 개체가 되는가).

일반적으로 매사를 이론으로 이해하는 것은 이치에 맞고, 그 방법 중에서도 문맥을 읽어내는 방법은 도움이 된다. 그 자체의 성립이나 역사, 혹은 목적이나 역할 등을 하나의 흐름 속에서 읽으면 납득하기 쉽기 때문이다.

한편 그것만으로는 알았다고 할 수 없다. 아직 이해가 얕고, 정말로 모든 일의 본질을 파악했다고 볼 수 없다. 그 시점에서 자신과 깊은 관련이 없을 뿐만 아니라 그것 전체를 이해하지 못했기 때문이다. 그것(바로 눈앞에 있는 것)을 이해하려면 한순간에 확 이해하는, 붙잡은 것 같은 마음의 형태가 필요하다고 모기는 말했다.

모기는 그것을 '목숨을 건 도약'이라고 표현했다. 조금 더 알기 쉬운 말로 바꾸자면 '감동'이라고 할 수 있다. 덧붙여서 이 상태를 선불교에서는 '깨달음'이라고 하는데, 직감이라고 바꿔 말해도 될 것이다.

참고로 모기의 뇌 이론은 '퀄리아Qualia'라는 키워드를 중심으로 한 것이다. 퀄리아란 의식 속의 질감이라고 모기는 말하고 있는데 목숨을 건 도약, 깊은 감동에 따라서 마음속에 싹트는 것이 퀄리아라는 깊이를 가진 '기억=경험'이다.

감동이란 문맥으로 해소되지 않는 고유한 체험이며, 그래서 더욱 중요하다. 그것은 여러분이 세계와 만났다는 증거이며, 아티스트가 세계를 바라보고 있을 때와 같은 감각이기도 하다. 중요한 것은 평소 일이나 생활에서 벗어나 때로는 홀로 자신과 마주하고 내면에서 솟아오르는 것을 바라보는 일이다. 그 내면의 목소리에 따르면 새로운 시야가 열려서 자신의 껍데기를 깨고 나오는 계기가 될 수도 있다.

나오시마의 전경

07 명작은 '일관성'으로 탄생한다

 나는 미대생들의 작품 강평을 할 때 "기교를 갈고 닦는 것은 물론 중요하지만, 기교에만 치우쳐서 마무리가 깔끔할 뿐 콘셉트가 약한 작품을 만들어 놓고 만족하고 있으면 그 앞이 없다."라고 자주 말한다. 학생은 장인과 달리 하나의 전문적인 기법을 배울 시간이 짧아서, 자신의 방향성을 처음에 가늠하기 위해 한 작품마다 자신의 입지를 확실히 해야 한다.
 그때 아트의 창작에 관련된 사람에게 중요한 것은 자기 일의 전후 관계를 명확히 생각하는 일이다. 이번에 만든 작품은 이전의 일과 어떻게 관련되어 있는지, 그리고 이 작품이 다음에 어떻게 연결되어 가는지 작품의 전후로 형성되는 문맥을 판별하는 방법이 한 작품의 실패보다 사실 중요하다.

그 작품이 그 학생의 예술 활동의 흐름 속에서 어떤 위치에 있는지를 스스로 내려다볼 수 있는, 즉 자기 자신을 상대화할 수 있는 학생은 아티스트로서 첫걸음을 내디딜 수 있다.

미술사에 문맥이 있듯이 아티스트 개개인에게도 개인사의 문맥이 존재한다. 전문 아티스트의 작품 전체를 내려다보면 각각의 작품 사이에는 어떠한 관련성이 존재하고, 공통되는 요소마다 시리즈화하는 것도 가능하다. 반대로 같은 작가 중에도 몇 가지 다른 요소들이 존재하면서도 그것들이 더욱 고차원의 문맥을 만들어내고 있기도 하다.

나는 이런 문맥 형성은 제품을 장기적인 안목으로 제조할 때나 서비스를 제공할 때도 응용할 수 있다고 본다. 이는 제품이나 서비스를 뒷받침하는 콘셉트일 것이다. 흔히 일본 제품과 유럽의 전통 명품을 비교할 때 "부가가치가 높다." "부가가치가 낮다."라고 거론되는 브랜드력에 상응하는 것이 있을 것이다. 그 제품의 배경이 되는 역사나 철학도 중요하지만, 더 중요한 것은 하나의 제품을 넘어 전체가 만들어 내는 일관성이기도 하다.

이것은 콘셉트의 일관성, 제품을 만드는 철학의 일관성, 혹은 배경이 되는 사상의 일관성으로, 그 제품의 역사적인 문맥이라고 바꿔 말해도 된다. 일본에는 몇 개의 전통 산업이 있고, 전통적인 기업이 있지만, 오랜 전통을 유지하며 혁신을 일으키려면 일관적이고 강력한 콘셉트가 필요하다.

일본의 제품 개발은 자칫하면 비용 절감으로 향하기 쉽다. '어쨌든 좋은 제품을 저가격으로'라고 생각한 나머지, 오로지 비용 절감을 고려한다. 물론 가격 경쟁 속에서 새로운 기술 개발이 이루어질 수도 있고, 좋은 물건을 저렴하게 제공한다는 것은 멋진 일이다. 그러나 그 방향만으로 제품을 개발한다면 상황이 악화될 것이다.

최근 일본의 대나무 공예나 도자기 공예가 서구에서 자국의 수십 배에 달하는 가격에 매매되는 일이 생겼다. 현대의 우키요에浮世繪 현상처럼 자국에서는 가치가 낮은 것으로 여겨졌던 대나무 공예나 도자기 공예가 서구에서 좋은 평가를 받아 값어치가 올라간 것이다.

그 공예는 메트로폴리탄 미술관 등에도 전시되어 예술 작품이 되었다. 이것은 아직도 자신들이 만든 가치를 스스로 확인하지 못하고, 평가하지 못한다는 증거다. 이런 일이 일어난 것은 미국의 갤러리나 미술관, 수집가들이 일본 공예의 가치를 발견하고 독자적인 평가를 했기 때문이다. 아쉬운 것은 일본인이 스스로의 힘으로 가치를 매기고 시장을 구축하지 못했다는 점이다. 가치를 스스로 발견하지 못하는 이런 일이 비즈니스 세계에서도 일어나지 않을까?

우리는 보통 당장 가격을 싸게 하면 된다고 생각하는 경향이 있는데, 서구에서는 반대로 부가가치의 가격을 알고 있어서 고가로 매매한다(그들에게는 적정 가격). 이런 부분은 미술계도 비즈니스계도 도전이 필요하다. 가치를 잃지 않기 위해서라도 장기적이고 크게 내려다보는 시야가 필요하다.

08 물건이 가진 촉감이나 매력의 재검토

현대미술에서는 국제적인 트렌드가 전개되는 장소가 몇 군데 존재한다. 하나는 '아르스 일렉트로니카 페스티벌'처럼 디자인, IT, AI 등의 첨단 테크놀로지나 사이언스와 결합해서 근미래적 상상의 세계를 만들어내는 곳을 꼽을 수 있다. 또 하나는 '도큐멘타'나 '베네치아 비엔날레'처럼 현대미술의 정치성과 사회성을 최대한으로 이끌어내서 현대의 과제와 사회문제를 공유하는 사고 실험의 국제전이다.

현대미술에서 중요한 새로운 물음이 제기되는 장소는 이런 곳에서 생겨난다. 그러나 최근 예전의 기준과 다른 장소가 생겨났다. 아직 막 시작했기 때문에 앞으로 어느 정도의 영향력이 생길

지 미지수이지만, 나는 이곳에서 일종의 새로운 현대미술의 트렌드를 느끼고 있다.

현대의 세계적인 정치 상황을 보면 세계 각국에서 세계화에 관한 회의감이 솟아나고 있다. 이념적 올바름이나 GDP 등의 경제 지표로만 평가된 세계에 싫증이 난 것이다. 그런 가운데 지역주의적 움직임, 즉 토지나 고유의 역사에 뿌리를 둔 것을 재평가하는 움직임이 나타나고 있다.

그 움직임은 미술 세계에서는 공예의 영역에서 찾아볼 수 있다. 공예라고 하면 전통 산업에서 도자기나 옻칠 그릇 같은 것을 떠올리는 사람도 많을 텐데, 전통 기술이 최신 현대미술나 디자인과 만나서 미래를 향한 새로운 가능성을 만들어 내고 있다.

예를 들어 세계적인 현대 아티스트인 아니시 카푸어 Anish Kapoor 는 아름다운 표면을 가진 독특한 모양의 입체 작품을 만드는 것으로 유명하다. 대표작으로 시카고의 밀레니엄 파크에 설치된 거대 조각 〈클라우드 게이트〉(콩 모양으로 생겨서 더 빈이라는 별칭으로 불린다), 가나자와 21세기 미술관에도 상설된 〈세상의 기원〉이 있는데, 그는 옻칠 기법을 사용해 지금까지 전혀 본 적 없는 입체 작품을 제작했다.

1 클라우드 게이트, 아니시 카푸어, 2006
2 스카이 미러, 아니시 카푸어, 2001

앞에서도 언급한 일본 문화에 조예가 깊은 스기모토 히로시는 전통적인 공예 기술을 현대미술에 전용해 합리적인 장인의 기술력이나 에코로지컬한 재료 취급, 높은 완성도 등 새삼 새로운 제품의 이상적인 자세로 장인 기술을 평가해, 자신의 작품에 적극적으로 도입하고 있다.

이것은 하나의 예시이지만, 이처럼 현대미술 속에도 새로운 소재기법으로 전통적인 것들이 들어오고 있다. 세계화되고 균질화되는 사회 속에서 이는 오히려 하나의 개성으로 떠오르고 있다.

2017년 세계 최대의 아트 페어 개최지인 스위스 바젤에 느닷없이 '바젤 트레소르 컨템포러리 크래프트'라는 국제 크래프트 페어가 등장했다.

아트 페어의 세계적인 개최지에 드디어 공예도 등장해 업계에서는 화제가 되었다. 현대미술이 확장의 정점에 올라 정체되고, 가격도 숨을 고르는 타이밍이었던 만큼 현대미술의 확대가 마침내 공예라는 다른 진원지를 만든다는 소문이 돌았다.

공예와 현대미술의 하이브리드 아트에 대해 뉴욕, 런던, 일본 등 세계 각지에서 등장하기 시작한 시점에서 현대미술 수집가 중에서 사냥꾼처럼 새로운 트렌드를 찾고 있던 사람들이 이 움직임을 주목하기 시작했다. 모두가 공예의 가능성을 찾고 있었던 만큼 절호의 타이밍이었다.

　유기농 소재를 사용하는 공예와 장인 기술을 재평가해서 지금의 제품 제작과 예술에 활용하자는 발상은 아트에 대한 새로운 도전으로, 아트의 필드를 확대할 가능성을 내포하고 있었지만, 이는 동시에 뒤샹 이후 콘셉트 중시의 현대미술의 사고방식을 근본부터 뒤집는 것이기도 했다. 테크놀로지가 진화하고, 정보화가 진행되어 사람과 사람 사이의 연결이 약해져 사람과 사물의 관계까지도 희박해지는 가운데, 새삼스럽게 물건이 가진 촉감이나 매력을 재검토하려는 움직임이 나타난 것이다.

　공예의 국제적인 플랫폼 마련에 대한 모색은 이에 그치지 않았다. 스코틀랜드 에든버러에서 개최 준비가 진행되고 있는 크래프트 비엔날레 스코틀랜드와 런던의 크래프트 위크, 한국의 청주 국제 공예 비엔날레, 내가 1회, 2회에 디렉터를 맡았던 가나자와 세계 공예 트리엔날레 등 새로운 문화 창조와 제조의 가능성을 탐구하는 국제적인 움직임이 생겨나고 있다.

　나도 가나자와 21세기 미술관 시절에 현대미술화되는 공예나 새로운 트렌드를 만들어내는 공예를 소개하는 '공예적 네트워킹'

'공예 미래파' 등의 전람회를 열고, 이런 전람회를 대만이나 뉴욕에도 순회시켰다.

이렇게 지금까지 없었던 아이디어와 가치를 스스로 알리고, 새로운 트렌드를 만들어내는 것으로 자신에게 흐름을 끌어당긴다. 자신이 생각하는 비즈니스에 딱 맞는 장소가 없으면 스스로 만들면 된다는 발상이다.

09 로에베의 브랜딩 전략

새로운 것이 생긴 후에는 반드시 층계참이 나타나 한 번 정체되는 시기가 찾아온다. 에든버러의 크래프트 비엔날레 스코틀랜드와 바젤 트레소르는 어떤 이유로 연기되었고, 가나자와의 공예 시책도 우여곡절을 거쳐 지금에 이르렀다.

그런 가운데 로에베 LOEWE의 크래프트 프라이즈는 일본에서 3회째가 개최되어 공예의 현대화를 기대하는 관계자에게 뜨거운 눈길을 받았다. 로에베는 스페인에 본사를 둔 고급 브랜드 기업으로 루이비통 등으로 대표되는 LVMH 그룹에 속한다.

로에베가 세계 컨템포러리 크래프트 프라이즈를 마련한 일로

1 LVMH의 브랜드 로에베 매장 전경
2 LVMH의 브랜드 로에베 가방

새로운 공예 조류를 형성할 것이라는 기대가 생겼다. 전통적인 기술에 디자인과 표현의 새로움을 더해 공예의 다음 전개를 예감하게 하는 작품을 로에베는 적극적으로 평가하고 있으며, 현대미술의 미의식과는 다른 공예다움을 추구하고 있다.

공예의 진흥에 기여하려는 목적으로 만들어진 상이지만, 한편으로 로에베의 기업 브랜딩과 신상품 개발에 공예를 활용해서 타사와의 차별화를 꾀하려는 의도도 있다.

패션 브랜드의 브랜딩은 상품의 판매를 좌우할 뿐 아니라 브랜드의 생사를 결정하는 중요한 문제다. 그들은 과거 거액의 비용을 들여 자사의 제품을 광고하던 시절을 거쳐 이제는 아트의 부가가치를 이용해 자사 제품의 브랜드력을 높이고 있다. 이것은 로에베만이 아니라 많은 패션 브랜드가 이미 현대미술과 손잡고 브랜딩을 해서 실적을 쌓아가고 있다.

루이비통, 프라다, 까르띠에처럼 현대 미술관을 갖춘 기업도 있다. 현대판 메디치 가문(피렌체에서 13세기부터 17세기까지 수백 년에 걸쳐 예술가들을 후원한 영향력 강한 귀족 가문 - 역주)으로 후원사가 되어 자사의 브랜딩 역량을 높이고 있다.

2000년 이후 현대미술과 고급 브랜드 비즈니스는 가까워지고 있다.

　로에베는 다른 브랜드와 비교하면 후발주자이기 때문에 지금까지의 브랜딩과는 다른 기법을 채택했다. 일부러 장인의 풍미가 남는 컨템포러리 크래프트를 자사의 브랜딩에 사용해 세련된 현대미술과 선을 그었다. 공예를 좋아하는 사람들은 현대미술 팬보다 보수적이고 여성이 많은 경향도 있다. 로에베는 새로운 고객 개발에 나서기 위해 다른 회사와 다른 브랜딩으로 나섰다.

　현대미술처럼 가치 있게 만들고 싶은 컨템포러리 크래프트와 타사 브랜드와 차별화하고 싶었던 로에베의 이해가 맞아떨어져 이전에 없던 연결고리를 만들어낸 예시다. 이런 움직임은 일종의 도박이지만, 잘되면 앞서 나간 움직임인 만큼 큰 이점을 얻을 수 있고, 무엇보다도 완전히 새로운 시장이 출현할 가능성을 내포하고 있다.

10 최고의 자리에서
살아간다

여기서 강조하고 싶은 것은 좀 전에 언급한 대로 마켓이 없으면 스스로 만들어야 한다는 것이다. 그러기 위해 지금까지 본 적 없는 새로운 것이어야 한다는 조건이 필요하며, 작품의 외관이나 디자인만이 아니라 콘셉트나 문맥적인 면에서 혁신성이 요구된다.

스포츠에 비유하면 기존의 전통적 스포츠가 아니라 새로운 규칙의 새로운 스포츠를 만들어내는 것과 같다. 그럴수록 이제까지 본 적 없는 것을 원할 것이다. 아트도 마찬가지라서 완전히 상상을 초월하는 것이 좋다.

기존의 스포츠 중에서 좋은 플레이어로 활동하는 아티스트가 있어도 상관없지만, 현대미술계에 몸담은 사람들은 어느 쪽이냐면 새로운 스포츠를 만들어내는, 지금까지 없던 아트를 창출하는 것을 좋아한다. 완전히 새로운 자리가 생기면 지금까지 없던 아트의 장소가 출현해 이전보다 아트의 가능성이 더욱 확대되기 때문이다.

비즈니스 현장이라면 바로 고객의 동향을 신경 쓰겠지만, 아트계는 비즈니스계에 비하면 대범한 듯하다. 하지만 어떤 타이밍에 아트로 승인되어 시장을 창출할 필요가 있다. 이것만은 비즈니스 센스가 있는 여러분이 절묘한 타이밍을 알고 있을 테니 물어보고 싶다.

지금까지 세 가지 다른 아트의 커다란 조류를 소개했는데, 기억하기 바란다.

첫 번째는 아트와 디자인과 사이언스의 융합이라고 할 수 있는 아트의 조류다. 미디어 아트의 세계적인 이벤트로 알려진 '아르스 일렉트로니카 페스티벌'에서 우리가 볼 수 있는 것이다.

두 번째는 서구 미술사의 발전형이자 콘셉추얼한 현대미술을 중심으로 전개하는 아트로, 아트의 세계에서는 주류를 형성하고 있으며, 글로벌한 아트의 조류다. 역사와 사회의 과제를 중시하는 타입으로 베네치아 비엔날레 국제전과 도큐멘타 등을 주요 장소로 한다.

세 번째는 아트, 디자인, 장인기술, 공예의 융합이라고 할 수 있는 조류다. 내가 관여했던 현대미술화하는 공예나 준비 중인 스코틀랜드 크래프트 비엔날레처럼 새로운 동향이다.

  이 세 가지 움직임은 현재 진행형으로 오늘날 아트 현장을 형성하고 있다. 각인각색으로 주체가 다르면 생각도 다르다. 서로 의식하는 일은 거의 없지만, 크게 내려다보면 각각의 흐름이 다음 시대의 아트를 어떻게 형성하는지를 둘러싸고 서로 경쟁하고 있다. 그것은 때때로 진을 치는 격전 같은 양상을 띠며 아트계를 움직이고 있다. 현대미술이 어느 쪽으로 움직일지는 아무도 예측할 수 없다.

  비즈니스에서도 어느 쪽으로 움직일 것인지, 어디로 향할지 예측할 수 없을 것이다. 그래도 스스로 미래의 방향성을 읽고 선택한 길에 걸어 보는 기개와 배짱은 필요하다. 예전에 어느 정치인이 "두 번째는 안 됩니까?"라는 질문을 던져 주변을 놀라게 한 적이 있는데, 적어도 현대미술에서는 두 번째 위치를 차지해선 안 된다. 가장 먼저 시작하는 사람이 전부이고, 그런 규칙의 장소는 없다고 들으면 그것을 스스로 만들면 된다는 기개로 진행해야 기세에 눌리지 않는다. 현대미술에 관여한다는 것은 최고의 자리에서 살아가는 일이다.

11 페이스 투 페이스의 중요성

나오시마 시절 나는 이탈리아의 베네치아 비엔날레를 매번 방문했다. 베네세 상을 젊은 사람에게 수여하고, 나오시마를 홍보하기 위해서다.

왜 이런 프리뷰 기간에 상을 수여하고, 나오시마를 홍보했을까? 나오시마를 알리고 화제에 올리기 위해서는 세계의 아트를 견인하는 최고의 아트 관계자들이 모이는 이 시기가 가장 효과적이기 때문이다. 이 시기에 모이는 사람은 모두 같은 업계의 사람들이지만, 그 영향력은 굉장하다.

저명한 아티스트, 미술 관장, 큐레이터, 미술 평론가, 미술 저널리스트와 같은 아트 셀럽이 전 세계에서 모여 전시장의 열기가 뜨겁다. 이렇게 분위기가 가장 뜨거운 시기에 나오시마를 알리는 것이 가장 효과적인 홍보 방법이다.

나오시마에 방문하는 사람은 70퍼센트가 외국인, 30퍼센트가 일본인이라고 한다. 그것도 해외에서 방문하는 사람들은 이른바 셀러브리티라고 불리는 부유한 사람들, 대학교수나 연구자 같은 학자다. 어째서 이렇게 해외에서 알려져 있는지, 그것도 세상에 영향력 있는 미술 관계자나 미술 애호가에게 알려져 있는가 하면, 우리가 베니스에서 매번 프로모션을 실시해 온 성과도 있다.

관계자들은 넓은 비엔날레 행사장을 온종일 돌아다니면서 체력만이 아니라 신경까지 소진하므로 그 타이밍에 모두가 모여 가볍게 교류할 수 있는 장소를 찾는다. 그것이 있으면 부족함이 없을 것이다. 이를 위해 베네세가 교류의 장을 주최하고, 화제를 만들기 위해 신인상을 낸 것이다.

심사위원으로는 오노 요코小野洋子, 전 모리 미술관 관장 데이비드 엘리엇David Elliott과 다니엘 번바움Daniel Birnbaum, 한스 울리히 오브리스트Hans-Ulrich Obrist 등 현재 최고의 큐레이터나 디렉터가 이름을 올려 매회 교대로 심사에 임했다. 수상자도 카이 궈 창蔡國強, 올라퍼 엘리아슨Olafur Eliasson, 재닛 카디프Janet Cardiff와 조지 뷔어

밀러George Bures Miller, 타시타 딘Tacita Dea 등 지금은 모두 최고의 아티스트다. 그중에는 작품 한 점의 가치가 현재 수십 억을 넘어가는 아티스트들도 있다.

당시에는 심사하는 쪽도 심사받는 아티스트들도 주최하는 우리도 젊었는데, 그런 시기에 함께 일한다는 것은 중요하다. 누구나 젊었을 때 같은 경험을 한 동료는 잘 기억하지 않는가? 그런 동료야말로 만일의 경우에 의지가 된다.

마음을 터놓는 관계란 지연이나 혈연만이 아니다. 멀리 떨어져 있어도 한솥밥을 먹은 동료들이야말로 가장 신뢰할 수 있는 관계라고 할 수 있다. 그것은 국내 친구에게만 국한된 것이 아니다. 이처럼 세계적인 미술 관계자와 관계를 맺어서 넓은 네트워크가 형성되어 나오시마의 이름은 서서히 세계에 알려졌다. 소소하지만, 계속적인 이벤트의 개최가 나중에 나오시마의 지명도를 올리는 일로 이어졌다.

아트는 대량생산품이 아니며, 처음에는 대중적인 존재도 아니고, 누구나 필요로 하는 것도 아니다. 기호성이 강하고, 사람을 가린다. 그런 것을 홍보하는 데에 대중 매체를 사용할 필요는 전혀 없다.

비즈니스의 초기도 이와 마찬가지가 아닐까. 처음에는 많은 사람이 알게 하는 것보다 소수라도 더 가치를 공유할 수 있고 업계에 영향력이 있는 인플루언서에게 알리는 것이 중요하다. 아트의 경우는 특히 이런 경향이 강하며, 오히려 폐쇄적인 자리라도 좋으니 가치관을 공유하는 프로세스가 필요하다. 그로부터 서서히 정보가 밖으로 확대되어 많은 사람이 알아가는 흐름이 좋다.

이를 위해 가장 중요한 것은 우선 좋은 이해자를 얻는 것이다. 그들이 좋다고 하면 커다란 '신뢰=브랜드'를 만들어 갈 수 있기 때문이다.

누구라도 좋으니 알아달라고 하면 안 된다. 적합한 사람들에게 제대로 정보를 전달한다. 그것이 가장 가능한 것은 예나 지금이나 변함없는 '페이스 투 페이스'의 관계로 사람을 만나야 한다. 그러려면 적절한 장소를 알고 사람을 아는 것이 중요하다. 세상은 넓고. 사람은 많지만, 매사를 움직이는 사람들은 극소수에 불과하다. 그 사람들을 어떻게 만나면 좋을지 항상 생각한 후에 행동으로 옮겨야 한다.

12 프로듀스 비즈니스

베네치아 비엔날레 특별 공개를 위해 열리는 며칠간의 프리뷰 기간은 2년에 한 번씩 아트 셀럽이 모이는 가장 농밀한 기회의 장이다.

베니스 시도 충분히 알고 있지만, 비엔날레가 개최되기 전 이 시기에는 호텔과 레스토랑은 물론 교통도 모두 터무니없이 높은 가격으로 책정된다. "상황을 이용하다니!"라고 원망하고 싶지만, 서비스업, 관광업을 하는 사람들이 연중 가장 돈을 벌 시기라서 어쩔 수 없다.

이 기간에는 날마다 파티가 열리고, 관계자 간의 미팅, 식사 모임이 열려서 그 자리에 참석하는 슈퍼스타 아티스트나 아트 관계자들을 만나기 위해 부유한 셀럽들이 모여드는 재미있는 현상이 나타난다. 그들도 예술에 대한 최신 정보를 원한다. 아트가 탄생하는 귀중한 장면에 자신도 있고 싶고, 유명 아티스트들과 시간과 장소를 공유하고 싶은 것이다.

어떤 장소든 돈이 들지만, 그래도 세계적인 아트 셀럽은 베니스를 목표로 한다. 2년에 한 번 오는 이런 기회에, 바쁜 와중에도 얼굴을 내밀고 있던 사람이 아르캉시엘 미술 재단(구 하라미술관 재단)의 전 이사장인 하라 도시오原俊夫, 베네세 HD 명예 고문인 후쿠타케 소이치로, 오바야시구미 회장 오바야시 다케오, 모리미술관 이사장 모리 요시코森佳子이다.

일본에서 항상 오는 사람은 현대미술의 좋은 이해자인 이 멤버 정도였다. 참고로 이곳에서 소개한 사람들은 많은 관람객으로 붐비는 현대미술 미술관을 운영하고 있거나 멋진 컬렉션을 가지고 있다.

도시 전체의 대규모 이벤트인 비엔날레는 2년에 한 번 열리는 현대미술 부문만이 아니다. 타 부문이지만, 매년 영화와 연극이 개최되고, 미술과 마찬가지로 2년에 한 번 건축, 음악, 무용이 개최된다. 이렇게 되면 베니스에서는 언제나 어딘가에서 국제적인

베니스 비엔날레 전경

베니스 비엔날레 포스터

문화의 제전이 개최되고 있는 셈이다. 매년 전 세계에서 베니스를 목표로 셀럽들이 모여들기 때문에 거리는 언제 어디든 소란스럽고, 사람이 움직이며, 사물이 움직이는 문화에 의한 대규모 관광산업이다.

 이런 관광 산업, 문화 산업을 만들어 내는 이탈리아인의 비즈니스 감각은 우리도 본받을 필요가 있다. 로마시대까지 거슬러 올라갈 수 있는 문화자산을 가지고 있으며, 이탈리아 르네상스기에는 로마, 피렌체, 베니스 등이 번성하여 그곳에서 꽃피운 문화는 아직도 유럽인들이 동경하는 대상이다.

비엔날레 행사장에서 보여주는 것은 새로운 현대미술이지만, 베니스 거리는 오래전 중세의 거리와 건물, 세간이 곳곳에 남아 있는 모습이다. 귀족의 저택이 리셉션 장소나 전시장으로 사용되며 맛있는 음식을 먹을 수 있다. 베니스에 있으면 역사 속에 몸담고 있는 기분이다. 이렇게 거리가 매력적이고, 식사가 맛있으며, 역사를 느낄 수 있는 것이 문화 관광의 기본이다.

베니스처럼 역사, 전통, 예술문화 같은 무형의 가치를 거리 곳곳에서 느낄 수 있는 도시는 하루아침에 만들어질 수 없고, 한 명의 권력자가 만들어낼 수도 없다. 도시에 있는 많은 사람이 무형 문화를 깨닫고 아끼며, 그것들을 잘 보존하고 활용하는 지혜를 갖춰야 가능한 일이다. 당장 결과만 내려고 하지 않고, 장기적인 시간축 속에서 문화와 거리의 조성으로 비즈니스를 파악해야 한다.

그리고 이 유서 깊은 역사 도시를 토대로 해서 현재진행형으로 새로운 문화를 소개하고 있는 것이 베네치아 비엔날레다. 흥미로운 것은 이 매력적인 장소를 준비한 것은 베네치아 비엔날레의 주최자이지만, 이런 콘텐츠를 만들어내는 것은 참가하고 있는 나라들이다. 주최자인 베니스 측이 아니다.

매회 치열하게 경쟁하고, 화제를 제공하는 전시 등의 콘텐츠를

베니스 비엔날레의 전경

만들어내는 것은 베니스를 목표로 모여드는 세계 각국의 아티스트, 크리에이터들이다. 주최자인 베니스 재단은 자리를 제공하고 있을 뿐이다. 그뿐 아니라 전시에 드는 경비의 대부분은 출품자의 부담이다. 이처럼 출품자에게 강한 부담을 주는 국제전은 베니스 이외에는 없으며, 생각하기에 따라서는 조건이 꽤 까다롭지만, 아무도 불평하지 않는다. 오히려 참가국이나 단체는 해를 거듭할수록 증가하고 있고, 쇠퇴할 기미도 없다. 자기 부담을 해서라도 이 시기에 베니스에서 전시하고 싶은 이유는 뭘까? 베니스에서 성공하면 현대미술계에서 그만큼의 영향력을 갖추게 되기 때문이다. 그만큼 베니스는 화려한 무대다.

  베니스시는 전 세계에서 몰려오는 사람들의 숙박, 식사, 물류를 이면에서 담당하는, 그야말로 브랜드력을 살린 프로듀스 비즈니스다. 한 명의 플레이어가 되는 것보다 그 자리를 만들고 관장하는 편이 비즈니스로 보면 훨씬 합리적인 선택이다.

  유감스럽지만, 자리나 규칙을 만드는 프로듀스는 우리에게 서툰 분야다. 이런 일을 잘하는 나라는 식민지 시대에 영토를 넓혀 한 번쯤 세계를 지배했던 옛 종주국 같다는 느낌은 기분 탓일까?

한 줄로 이해하는 현대미술
04

1. 재능이 넘치는 아티스트는 굳건한 전략가로 야생동물 같은 감을 가지고 있다.

2. 뛰어난 아티스트는 항상 상대를 당사자로 의식으로 마주하고, 마치 무대의 중앙에 있는 듯한 자세로 임한다.

3. 아티스트는 자기만의 시점으로 세상을 바라본다는 자부심을 느끼며, 자아를 강하게 믿고 있다.

4. 제작하는 주체인 화가나 조각가 등의 아티스트가 자신의 상상력과 의지로 제작한 것이 바로 아트 작품이다.

5. 아트는 사고와 감성의 순수한 표현물로 진화해 왔다.

6. 지금은 소수파라도 시대가 바뀌면 주류로 도약할 가능성을 내포하고 있기 때문에 강한 신념을 갖추고 아트 활동을 지속하는 것이 중요하다.

7. 아트에서 문맥을 소중히 한다는 것은 비즈니스의 세계에서도 중요하며, 그 속에 혁신을 일으키기 위한 힌트가 있을지도 모른다.

8. 아티스트에게는 직감과 번뜩이는 영감도 중요하다.

9. 자신의 바깥쪽에 있는 과제를 마주하는 디자이너와 달리 아티스트는 자신의 내면에서 솟아오르는 것을 마주하고 있다.

10. 아트는 시장이 아니라 항상 자기 자신 안에 있다. 아티스트는 정보 매체, 일종의 미디어이기도 하다.

11. 감동이란 꽤 개인적인 체험이지만, 문맥으로 해소되지 않는 고유한 체험이다. 여러분이 세계와 만났다는 증거이자 아티스트가 세계를 바라보고 있을 때와 같은 감각이기도 하다.

12. 평소 일이나 생활에서 벗어나 때로는 홀로 자신과 마주하고 내면에서 솟아오르는 것을 바라본다. 그 내면의 목소리에 따르면 새로운 시야가 열려서 자신의 껍데기를 깨고 나오는 계기가 될 수도 있다.

13. 미술사에 문맥이 있듯이 아티스트에게도 개인사의 문맥이 존재한다.

14. 콘셉트의 일관성, 제품을 만드는 철학의 일관성, 혹은 배경이 되는 사상의 일관성이 그 제품의 역사적인 문맥이 된다.

15. 전통 기술이 최신 현대미술나 디자인과 만나서 미래를 향한 새로운 가능성을 만들어 내고 있다.

리더들이 반드시 알아야 할 현대미술 개념
04

앙리 마티스 *Henri Matisse, 1869~ 1954*
프랑스의 화가, 조각가. 대담한 색채의 사용과 소묘를 특징으로 하는 포비즘(야수파)의 개척자로 근대 미술(전위 미술)의 선구자 중 한 사람. 대표작으로 〈모자를 쓴 여인〉, 〈녹색 선의 마티스 부인〉이 있다.

파블로 피카소 *Pablo Picasso, 1881~1973*
스페인 말라가 태생의 화가, 조각가. 큐비즘의 창시자. 평생 약 13,500점의 유화와 소묘, 10만 점의 판화, 34,000점의 삽화, 300점의 조각과 도기를 제작해 가장 다작한 미술가로 기네스북에 올랐다.

마르셀 뒤샹 *Marcel Duchamp, 1887~ 1968*
제1차 세계대전까지의 미술을 눈으로 얻는 자극을 즐기는 망막적 회화라고 비판했다. 정신과 뇌에 쾌락을 주는 새로운 아트 장면의 창조를 제안했다. 〈샘〉으로 대표되는 레디메이드 외에 익명 예술, 관념 예술, 복제 예술 등 현대미술에 준 영향은 헤아릴 수 없다.

아트 페어
다양한 아트 갤러리가 한자리에 모여 작품을 전시하고 판매하는 행사다. 작품의 매매를 목적으로 열리며, 수집가에게는 작품을 구매할 중요한 현장이고, 아티스트에게는 신작을 발표하는 현장이다. 수집가와 갤러리스트에게는 아트 시장의 동향을 살피는 정보 수집의 장이며 일반 고객에게는 신작을 감상하는 곳이기도 하다.

스기모토 히로시 *杉本博司, 1948~*
도쿄와 뉴욕에서 활동하는 사진가. 자연사 박물관에 전시되어 있는 동물표본을 촬영한 〈디오라마〉 시리즈가 대표작. 그 밖에 전 세계의 수평선을 찍은 〈해경〉 시리즈와 근대건축의 외관을 일부러 흐릿하게 촬영한 〈건축〉 시리즈 등이 있다.

모기 겐이치로 *茂木健一郎, 1962~*
뇌과학자. 도쿄대학 법학부 졸업. 도쿄 대학 대학원 이학계 연구과 물리 전공 박사 과정 수료. 이학박사. 소니 컴퓨터 사이언스 연구소 선임연구원, 게이오기주쿠 대학 대학원 시스템 디자인 매니지먼트 연구과 특별 초빙 교수 등을 역임했다.

PART 5
아트, 돈, 비즈니스의 상관관계

#파괴적 혁신
#사용가치와 교환가치
#갤러리
#프라이머리와 세컨더리

01 아트, 돈, 비즈니스의 상관관계

지금부터는 비즈니스 관계자도 매우 관심이 있을 법한 아트와 돈, 비즈니스의 관계를 설명하겠다.

비즈니스의 기본은 높은 품질과 적정한 비용으로 서비스와 제품을 만드는 것이지만, 90년대 이후 기업은 상품의 저가격화, 이른바 저가격 경쟁에 종지부를 찍고 부가가치가 높은 비즈니스를 육성하지 않았다.

사실 나는 기업에서 고부가 가치 비즈니스가 어려운 것이 아닌가 의심하고 있다. 자주 듣는 비즈니스의 성장 전략이라고 하면 생산라인의 재검토, 업무의 매뉴얼화, 노동비, 인건비의 재검토에 따른 원가 절감 등으로 창의적이지도 혁신적이지도 않다. 획

기적이고 탄탄한 신규 비즈니스라는 화려한 이야기는 별로 들어본 적이 없다.

하지만 이대로 가면 상황은 점점 악화된다. 산업계에 새로운 비즈니스가 일어나 새로운 바람을 불어넣어야 한다. 본래 일본, 한국과 같은 성숙 사회는 고부가 가치의 비즈니스가 몇 개나 탄생해, 수익성이 높은 산업 구조로 되어 있어야 한다. 그렇게 생각했을 때, 아트를 상품으로 바라보면 다양한 깨달음이 있을 것이다. 아트는 궁극적인 고부가 가치 상품이라고 할 수 있다.

이번 장부터는 비즈니스와 아트의 거리를 가깝게 이야기하고자 한다. 지금 유감스럽게도 우리의 비즈니스는 세계의 주류에서 벗어나 있다. 기존의 부가가치 부여형 비즈니스 모델로는 성공하기 어려워진 기업은 파괴적인 혁신을 필요로 하고 있지만, 현 상황으로는 타파하기 어려워 보인다.

왜 서양에서는 파괴적인 혁신이 일어나는데, 일본에서는 일어나기 어려운 것일까? 아트 세계에도 비슷한 사례가 있다. 서양 미술사와 일본 미술사의 차이점을 예로 설명하겠다. 서양 미술사의 역사는 이른바 혁명의 역사였다. 하나의 예술 운동이 일어나 성숙하면 그 흐름을 파괴하는 새로운 예술 운동이 일어난다. 지금까지의 예술이 새로운 무브먼트인 인상파 회화에 의해 쫓겨나고, 인상파 회화도 '색채의 혁명'인 마티스의 포비즘이나 '형태의 혁명'인 피카소의 큐비즘에 의해 쫓겨난 것처럼 서양 미술은 파괴적인 혁신으로 항상 진화해 왔다. 그중에서도 궁극의 파괴적인 혁신은 앞서 언급한 것처럼 지금으로부터 100년 정도 전인 1917년에 발표된 프랑스 아티스트 마르셀 뒤샹의 〈샘〉이다.

이 작품은 공산품인 변기에 사인만 한 이른바 레디메이드(기성품)인데, 뒤샹은 이 〈샘〉으로 예술이라는 개념에 혁명을 일으켰다. 이는 기존의 상식을 깨는 파괴적이자 혁명적인 혁신이라고 할 수 있는 작품으로, 뒤샹 예술의 양상은 크게 변해갔다. 뒤샹은 지금에 이은 콘셉추얼한 현대미술의 창시자로 자리매김했다.

이런 혁신이 서양 미술의 세계에서는 끊임없이 일어났다. 한편 일본 미술의 근저에 흐르고 있는 것은 계승의 역사다. 전통을 계승해 다음 세대에 전하는 것을 필요로 한다. 그 때문에 일본 미술에는 헤이안 시대의 두루마리 그림부터 메이지 시대 이후의 일본화, 슈퍼 플랫Superflat을 제창하는 무라카미 다카시村上隆에 이르기까지 평면성, 장식성, 서정성이라는 DNA가 계승되고 있다.

이것도 계승에 의한 부가가치 부여형의 일본식 비즈니스와 상당히 비슷하다고 생각하지 않는가? 일본인은 아트의 세계에서도 혁명보다 계승을 소중히 해 왔다.

 아트에는 그렇게 길러진 문명관이 강하게 반영되지만, 어쩌면 이런 문명관이 일본에서 파괴적인 혁신이 일어나기 어려운 요인으로 작용할지도 모른다.

무라카미 다카시의 작품

02 현대미술은 왜 이토록 비싼 가격에 거래되는가

여기서부터는 현대미술의 시장이 어떻게 변화해왔는지, 예술과 자본주의의 관계도 포함해서 설명하겠다.

현대미술이 수백만, 수천만 엔으로 거래되는 까닭은 무엇일까? 우선 이를 위해서는 사용가치와 교환가치의 개념을 이해해야 한다. 사용가치란 상품 자체가 일상생활 속에서 사용되어 생겨나는 가치를 말한다. 교환가치란 그 상품을 다른 상품과 교환할 때의 가치를 말하며, 상대방이 그 상품에 얼마만큼의 가치를 찾아내는지에 따라 변화한다.

사용가치는 거의 없지만 교환가치가 높은 것 중의 으뜸은 돈이다. 예를 들어 만 원 권을 메모지나 휴지로 쓰지는 않으므로(실제로 그렇게 사용하는 사람이 있다면 상당히 특이한 사람이다) 사용가치는 거의 없다.

법정통화로 만 원의 가치가 있다고 보증하고 있기 때문에 만 원어치의 교환가치가 있다. 참고로 만 원 권의 원가는 불과 몇 십 원이다. 만 원 권처럼 아트 역시 실용성이 부족해 꾸미고 즐기는 정도의 사용가치밖에 없다. 대부분 원가도 매우 저렴하기 때문에 아티스트에게는 원가라는 발상조차 없을지도 모른다.

다만 작품에 담긴 작가의 생각이나 철학이 사람들로부터 가치 있는, 즉 예술로 인정받으면 그 희소성 때문에 교환가치가 훨씬 높아지고, 돈과 마찬가지로 사용가치와 교환가치의 괴리가 발생한다.

역사를 거슬러 올라가면 사용가치와 교환가치에 큰 괴리가 있는 전형적인 예시를 찾을 수 있다. 바로 17세기에 네덜란드에서 팽배한 튤립 버블이다. 튤립은 감상용으로 사용하는 가치밖에 없는데, 가장 비쌀 때는 알뿌리 하나에 마차 24대분의 밀, 돼지 8마리, 소 4마리, 맥주 4통, 몇 톤의 치즈, 버터 2톤을 몽땅 살 수 있을 정도였다.

단순한 튤립에 그만한 가격이 붙은 것은 돈을 내는 사람들이 교환가치를 인정했기 때문이다. 유용성이 낮은 것, 사용가치가 낮은 것일수록 가치가 전환되어 상승하고, 그로 인해 교환가치가 점점 올라가는데, 미술 작품은 바로 그런 존재로, 자본주의의 역설을 제대로 구현하고 있다.

미술 작품은 작품의 교환가치 덕분에 투자 대상으로도 매우 인기가 있다. 몇백만 원에 구매한 현대미술 작품이 십수 년이 지나 몇백 배가 되기도 하기 때문이다. 예전에 15,000원에 정도에 팔리기도 했던 나라 요시토모의 드로잉은 지금 수백만의 값이 붙었다.

내가 베네세 시절 구매에 참여했던 데이비드 호크니, 프랭크 스텔라, 조지 리키, 사이 톰블리, 샘 프랜시스 같은 미국의 일류 현대 아티스트들의 작품도 지금 경매에 내놓으면 구매가의 수십 배에 낙찰될 것이다. 이런 가치의 발전 가능성, 휴대 용이성, 사회적 지위의 증명 등도 미술품이 투자 대상이 되는 이유다. 또 아트에 대한 투자는 자본주의 사회에서 주식이나 부동산 투자처럼 앞으로 성장하는 지역을 향해 왔다.

아트 마켓의 중심이라면 예전에는 프랑스나 영국이었지만, 제

2차 세계대전 이후에는 미국이 되었고, 80년대 버블 시기에는 일본, 지금은 중동, 중국, 그리고 인도로 넘어가고 있다. 경제 성장의 중심이 이동하면서 아트 마켓도 함께 이동하고 있다. 현재 중국의 미술 시장은 미국에 이어 2위이지만, 머지않아 1위로 올라설 수도 있다. 그런 성장의 여지가 있는 장소로 자본은 항상 이동한다.

03 아트 시장에 한계는 없다

2019년 3월 아시아 최대 아트 페어인 제7회 아트 바젤 홍콩이 개최되었다. 연일 성황을 이루어 최종적으로 5일 동안 사상 최고인 8만 8,000명의 방문객수를 기록했다. 화제가 된 것은 방문객 수만이 아니다. 같은 아트 바젤 중에서 매년 미국 마이애미에서 개최되는 아트 바젤 마이애미는 미국과 남미에서 온 고객들로 붐비는 세계 톱클래스의 아트 페어였지만, 올해는 그 매출을 홍콩이 앞질렀다. 중국을 중심으로 한 아시아 시장이 얼마나 성장하고 있는지 이해할 수 있다.

작품의 움직임을 알면 더 좋은 갤러리가 모여든다. 35개의 국가

1 아트 바젤 마이애미
2 아트 바젤 스위스

와 지역에서 242점포의 갤러리가 출점하는 국제색이 풍부한 톱 클래스 아트 페어로 아트 바젤 홍콩은 최근 몇 년간 급성장했다.

 중국은 지금 범국가적으로 문화정책을 추진하고 있으며, 미술관 건립과 아트 페어 개최 등 미술 진흥에 힘을 쓰고 있다. 경제가 발전하고 돈이 남아돌면 가장 먼저 땅값이 오르는데, 중국은 사회주의 시장경제 체제 때문에 땅이 국가 소유물이라서(토지 사용에 사용권이 있다) 남는 돈은 필연적으로 다른 투자로 흘러간다. 그래서 중국인 부유층이 가장 뜨거운 시선을 보내고 있는 투자 대상이 바로 아트다.

 중국인의 자산 형성 중 아트가 상위를 차지하는 까닭은 역사에 따라 형성된 그들의 마인드와도 관련이 있으며, 국가를 마음속으로는 신뢰하지 않는 중국인들에게 어떤 국난이 있을 때 재빨리 옮길 수 있는 금이나 귀금속, 그림 등의 동산이 인기가 높다고 전문가들은 말한다.

 세계로 뻗어나가는 화교들은 여러 곳에 집을 갖고 있고, 그림 등의 자산도 분산해서 보유하고 있다. 금이나 귀금속을 쥔 유대계 사람들도 비슷하지만, 화교들의 네트워크도 국가의 윤곽을 넘어서고 있고, 이 사람들이 세계의 아트 마켓도 좌지우지하고 있다.

자본주의 사회에서 자본은 항상 새로운 개척자를 찾아 주변으로 퍼져 이동한다. 예술의 중심지가 유럽에서 미국으로, 나아가 중동, 중국으로 옮겨가고 있다는 사실도 아트와 자본주의의 높은 친화력을 보여준다.

이렇게 자본주의가 계속 확대되듯이 아트도 계속 확대될 것이다. 2008년에 일어난 리먼 사태 이후, 자본주의의 한계를 지적하는 목소리도 있고, 아트도 항상 종국을 맞이한다고 계속 언급되었지만, 리먼 사태 때를 제외하고, 실제로 아트 시장은 계속 확대되고 있다. 흥미롭게도 아트 시장은 천정부지의 시장처럼 보인다.

세계 최대 아트 페어인 아트 바젤과 스위스 최대 은행 UBS가 2018년 세계 미술품 시장을 분석한 보고서를 공표했다. 2016년 세계 미술품 시장은 6퍼센트 성장해서 시장 규모는 추계 674억 달러(약 92조 원)에 달하며, 2004년에 300억 달러대를 기록한 이래, 리먼 사태에도 굴하지 않고 아트 시장은 계속 확대되고 있다. 그 배경에는 아시아 시장과 경매 시장의 호조, 온라인 거래의 증가도 있을 것이다.

마켓뿐 아니라 아트 자체도 계속 확대되고 있다. 아름다움에는 한계가 없어서 무한히 발견할 수 있기 때문이다. 예를 들어 장애인 아트나 전문적인 교육을 받지 않은 사람이 제작하는 아트(이를 총칭해서 아르브뤼트라고 한다)나 오스트레일리아 원주민족이 제작하는 아트Indigenous Art, 중남미의 소박한 토산물에서 발달해서 현대미술화된 프리미티브 아트Primitive art, 나아가 일본의 민예 등 지금까지 아트로 인식되지 않았던 것이 최근 새로운 아트로 평가되고 있다(참고로 민예는 해외에서 일본어 발음 그대로 Mingei로 통용된다).

이처럼 아트의 가치는 한계에 마주하지 않고 계속 발견되고 있기 때문에 시장도 계속 확대되고 있다. 어떤 것이든 탐욕스럽게 아트로 바꾸는 현대미술로 더 성장하면 뉴스 프로그램에서 자주 화제에 오르는 쓰레기 쌓인 집조차 아트로 인정받는 날이 올지도 모른다. 어제까지는 예술이 아니었던 것이 오늘은 예술이 될 수 있다. 마찬가지로 비즈니스에서도 어제까지 가치로 인정받지 못했던 것이 오늘 갑자기 가치가 생길 가능성도 고려해 볼 수 있다.

아름다움에는 한계가 없듯이 인간의 욕망에도 한계가 없기 때문이다.

04 테크의 최전선을 달리다

아트 세계에서도 최근에는 컴퓨터를 시작으로 다양한 테크놀로지를 이용한 일렉트릭 디지털 예술 작품, 이른바 미디어 아트나 하이브리드 아트가 활발하게 제작되고 있다. 또한 디지털 기술뿐 아니라 지금까지는 예술의 범주에 들어가지 않았던 바이오 테크놀로지, 우주 개발, 딥 러닝이라는 다양한 테크놀로지가 새로운 가치로 창조되려고 한다.

이런 상황에서 지금 세계의 주목을 받고 있는 것이 최신 테크놀로지를 활용한 시스템이나 디지털 콘텐츠의 개발을 실시하는 팀랩, 라이조매틱스, 이케다 료지 같은 아티스트다.

그들은 각인각색으로 독자적인 세계관을 전개하고 있지만, 라이조매틱스는 인기 테크노팝 유닛인 Perfume의 무대를 연출하고 있다고 하면 이해하는 사람도 있을 것이다. 그들이 대단한 점은 단순한 연출을 넘어 Perfume의 세계관을 표현하는 환경을 만들어낸다는 점이다. 마찬가지로 디지털 아트의 첨단을 달리는 이케다 료지가 집적한 데이터로 만들어내는 선명한 소리와 빛의 세계는 정보화 사회를 고도로 시각화, 음악화해서 해외에서 압도적인 인기를 자랑한다.

팀랩은 영국 파이낸셜 타임스, 영국 BBC, 미국 CNN, 프랑스 르몽드 등 세계적인 아트미디어에서 "현재 가장 흥미로운 아트 집단."이라고 주목받았다. 대만, 한국, 싱가포르, 미국 등에 상설 전시를 갖고 미국 실리콘밸리에서 개최한 개인전은 많은 호평이 쏟아져 전시 기간이 정해진 기한보다 반년가량 연장되었을 정도다.

이들은 울트라 테크놀로지스트 집단을 자처하며 프로그래머, 엔지니어, 수학자, 건축가, 화가, 웹디자이너, 그래픽 디자이너, CG 애니메이터, 편집자 등 디지털 사회의 다양한 분야의 전문가들로 구성되어 있다. 일본 미술을 토대로 한 일본의 독자적인 사상과 최첨단 테크놀로지를 융합시켜 새로운 가치관을 만들어 내고 있는 것이 특징이다.

아트는 계속 확대된다고 했지만, 팀랩은 계속 확대하는 도중에 들어온 사람들이다. 디지털 기술뿐이라면 선진국에도 이런 유형의 아티스트가 등장할 수 있을 것 같지만, 매력적으로 만들어진 디지털 아트는 일본인 아티스트의 강점이기도 하다.

팀랩은 어떤 장소에도 이 팀이 직접 방문해 제작한다(이 장인적인 자세를 비효율적이라고 비판하는 사람도 있지만, 그런 장인적인 고집으로 작품의 품질이 유지되고 있다). 기술력이 평준화되어 있으므로 디지털 기술은 외주를 준다는 판단도 있을 수 있지만, 그들은 자신들의 직원으로만 제작한다. 당연히 경비는 많이 든다고 한다. 이노코에게 이 점을 질문했더니 그것은 단순한 신뢰 이상의 것으로, 정신론이 아니라 아트의 퀄리티를 유지하기 위한 필수 조건이라고 말했다. 이노코는 문화지 인터뷰에서 이렇게 말했다.

"많은 산업이 만들어내는 것은 디지털 영역에 의해 혁신되어 가고, 디지털 테크놀로지덩어리 같은 것이 되어 간다. 그 후의 이야기는 모든 것이 아트가 아니면 살아남을 수 없는 시대가 된다. 많은 산업, 혹은 기업들은 만들어내는 제품이나 서비스, 그리고 존재 자체가 사람이 예술적이라고 느낄 수 있는 것이 아니면 살아남을 수 없는 사회가 될 것이다." 《GQ JAPAN》 2012년 6월)

이 말에 앞으로의 비즈니스나 자본주의의 미래를 읽어낼 힌트가 있다.

05 예술 작품의 가치를 매기는 방법

2019년 5월 15일에 뉴욕 크리스티 경매장에서 열린 전후 현대미술 마켓에서 미국인 아티스트 제프 쿤스의 〈래빗〉이 9,107만 5,000달러에 낙찰되어 2018년 데이비드 호크니가 기록한 현존하는 아티스트 옥션의 최고액 9,031만 2,500달러를 갱신했다. 낙찰된 〈래빗〉은 1986년 쿤스가 31세 때 제작되었고, 미국인 사업가인 새뮤얼 뉴하우스 주니어가 구매했다. 하지만 2017년 뉴하우스가 타계하는 바람에 크리스티에 출품한 건 유족의 몫이었다.

미국에서 태어난 팝아티스트는 앤디 워홀이 유명한데, 워홀의 정신을 이어받아 커머셜리즘과 엔터테인먼트와 정면승부를 펼

치며 작품을 계속 제작해 온 사람이 제프 쿤스다. 쿤스의 전 이력은 뉴욕증권거래소의 주식 중개인이었다. 워홀의 후계자답게 쿤스의 작품은 때때로 추문이 많고 키치해서 여러 개의 대표작 중에는 1991년 이탈리아 포르노 여배우이자 국회의원이었던 치치올리나Cicciolina와의 관계를 대형 작품화한 〈메이드 인 헤븐〉이라는 것도 있다. 춘화에서 착상한 듯한 성기의 삽입 장면을 담은 노골적인 섹스 묘사로 논란을 일으켰지만, 이런 스캔들은 쿤스가 바라는 바였다.

쿤스의 〈래빗〉은 토끼 장난감을 거대화한 스테인리스 조각으로, 언뜻 보기에 광택이 나는 벌룬처럼 보이는 그의 대표작 중 하나다. 이 작품의 진면목은 비닐 소재의 은빛 풍선이 사실은 엄청나게 무거운 순수 스테인리스라는 점이다. 겉모습과 실제의 극단적인 차이는 작품을 앞에 두었을 때 훨씬 실감 나고, 본다는 행위가 얼마나 부정확한지 알게 된다. 한편으로 희화화된 세상의 덧없음을 느끼는 작품이다. 예를 들어 CNN의 뉴스 같은 매스 미디어는 사람의 죽음도, 전쟁도 구경거리로 삼아 세계를 극장으로 만들어 소비의 대상으로 해 왔는데, 그런 소비사회의 현실 무게와 가벼움을 동시에 표현하고 있다.

튤립, 제프 쿤스, 1995~2004

그렇다면 현존하는 아티스트의 작품에 이 정도의 값을 매길 수 있는 아트의 가격은 도대체 어떻게 결정될까? 그것은 자본주의 시장경제 원리와 마찬가지로 수요와 공급의 균형이 한 요인이다. 당연히 수요가 많고 공급이 적으면 가격이 높아지고, 수요가 적고 공급이 많으면 가격은 낮아진다.

Balloon Monkey, 제프 쿤스, 1994~2000

단지 희소성만으로 가격이 올라가는 식으로 단순하지는 않다. 아티스트의 지명도, 제작연대, 생사, 제작된 작품 수는 어느 정도 인지, 앞으로 새로운 작품이 나올 것인지 등 아티스트에 관한 다양한 조건에 따라 가격은 결정된다.

  아트 작품은 판화나 청동 조각 등은 별개로 하고, 기본적으로 작품은 오리지널 한 점뿐이다. 이 한 점의 작품밖에 존재하지 않는다는 것이 아트의 가장 큰 특징이며, 다른 상품과 비교했을 때 결정적인 차이다. 작가는 수많은 작품을 제작하지만, 하나의 작품은 그 독창성이 무형의 가치로까지 발전해 나갈 때 비로소 아트의 가치가 생긴다.

아트의 가치는 눈에 보이지 않지만, 교환가치가 존재한다. 한 점의 작품에 가치가 생기려면 그것을 만들어내는 한 아티스트의 행적과 그것을 뒷받침하는 미술이라는 시스템을 살펴볼 필요가 있다. 높은 가격을 만들어내는 메커니즘은 어떤 의미에서는 추상적인 가치의 생산과 관련 있다고 할 수 있지만, 그것은 아트가 만들어내는 이야기와 연결되어 있다.

다빈치의 〈모나리자〉를 훌륭한 예술 작품이라고 하는 이유는 우리가 미술 역사 속에서 모나리자를 배우기 때문이다. 미의 전당인 루브르미술관에 전시되어 역대 전문가들에게 훌륭함을 설명받고, 인류의 보물이라고 배워왔기 때문이다.

서구의 미술만이 아니라 일본의 미술도 마찬가지다. 차의 세계에는 손바닥에 올려놓는 작은 차 용기 하나가 국가의 가치와 동등했던 노부나가信長, 히데요시秀吉의 시대가 있었다. 또한 그것은 오늘날까지 중요한 미술품으로 국보에 지정되어 미의 가치를 보존하고 있다.

〈모나리자〉는 다빈치가 제작한 것으로 알려져 있는데, 후자의 차 용기는 누가 만들었는지 알지 못한다. 그래도 미를 평가하는 사람들에 의해 차 용기는 가치가 부여되었다. 노부나가, 히데요시로부터 이어지는 경제적 가치와 연결되는 미의 가치 기준은 그 이전의 아시카가足利 쇼군이라는 권위로 형성되었다. 미의 가치는 제작자뿐 아니라 그것을 승인하는 사람들에 의해 형성된다.

아트의 가격은 어떻게 결정되고, 또 누가 결정하는가? 이것은 단순한 이야기가 아니지만, 시대별 위정자나 그 주변에 모여드는 권력자들이 자신의 문화를 대표하는 것이라고 평가하고, 아껴 온 역사의 축적이 만든 결과라고 할 수 있다. 그것은 눈에 보이지 않는 가치의 오랜 집적 그 자체다.

근대에는 자산가를 중심으로 전문가의 손에 맡겨진다. 미술관, 갤러리, 경매 회사가 탄생하고, 부수적으로 미술 역사가, 미술 평론가, 미술 저널리스트, 갤러리스트 등 미술 평가에 관련된 전문가가 생겨났다. 이런 전문 기관, 전문가들에 의해 아름다움이 이야기되고, 거래되고, 평가되어 곧 아트로 권위를 갖게 된다.

06 아티스트는 어떻게 유명해지는가

그렇다면 아티스트는 어떤 단계를 밟으며 유명해지는 것일까? 나중에 널리 인정받는 아티스트들의 경우, 대개 처음에는 갤러리에서 전시회를 개최하고, 다양한 기회를 찾아 실험적인 전시와 퍼포먼스 등을 진행하며 큐레이터 등 전문가들 사이에서 화제에 오른다.

그 후 서서히 아티스트로서 노출의 기회가 증가해, 마침내 베네치아 비엔날레나 도쿠멘타 같은 대규모 국제전에서 좋은 평가를 받아 독자적으로 전시회를 연다. 게다가 시대에 화제가 되는 작품을 제작하고 경력을 쌓다 보면 작가로서 입지가 굳어지고 가격이 올라간다.

처음부터 가치가 정해진 아트는 존재하지 않는다. 아티스트가 제작하고, 발표하고, 평가받고, 작품이 사회 속에서 공유되는 과정이 있어야 예술적 가치가 붙는다. 다시 말해 어떤 아트 작품이든 사회화 과정이 필요하고, 그 결과 자산으로 가치도 생겨난다.

예를 들어 지금은 '물방울의 여왕'이라는 별명으로 매우 인기를 끈 구사마 야요이草間彌生는 1960년대부터 뉴욕에서 활약한 아티스트다. 대표작으로 〈인피니티 네트〉가 있다. 그물의 형상이 무한히 이어지는 추상화로 당시 젊은 뉴욕 아티스트들에게 지대한 영향을 주었다. 그 밖에도 소프트 스컬프처, 해프닝, 설치 미술을 통해 센세이셔널한 작품을 만들어 계속 화제를 제공해 왔다.

백인 남성이 많은 미술계에서 동양인 여성이면서, 마음에 장애도 있는 상태에서 세계적인 성공을 거둔 아티스트는 구사마 이전에는 없었을 것이다. 이렇게 큰 차이를 메운다는 것도 현대미술의 성공에는 중요한 점이다.

나오시마의 오래된 부두의 노란 호박 조각은 구사마가 뉴욕 시절 이후에 제작한 것으로 호박 시리즈를 처음 야외 조각으로 만든 것이다. 그때까지 회화나 실내에 전시하는 오브제로는 제작했지만, 야외용 큰 호박은 내가 나오시마에 있을 때 의뢰했다.

구사마 야요이 작품들

호박 시리즈는 80년대 후반 이미 1,000만 엔(약 9,000만 원) 전후로 거래되었는데, 2000년대에는 5,000만 엔에서 1억 엔 정도가 되었고, 2015년 10월에 홍콩에서 열린 소더비즈 경매에서 약 8억 엔(약 72억 원)에 낙찰되었다. 작품의 가격 급등은 전 세계에서 작가의 인지도 증가를 따른다. 서구에서 확산된 인기는 이윽고 다른 나라, 지역으로 퍼져 나갔다. 구사마 작품의 가치는 앞으로도 상승세를 이어갈 것이다.

가격이 오르는 아티스트는 항상 시대에 퇴색하지 않는 가치, 세대도 지역도 초월한 보편성이 있다. 누구나 받아들이고, 다음 시대를 만들어가는 창의성이 있으며, 처음으로 아티스트로서 성공한다. 구사마를 목표로 하는 젊은 여류 아티스트는 전 세계에 탄생했지만, 구사마 같은 성공은 한정된 사람만이 이룰 수 있다.

나오시마의 구사마 야요이 작품

07 프라이머리 마켓와 세컨더리 마켓

앞서 경매에서 작품이 8억 엔에 낙찰되었다고 해도 구사마에는 한푼도 들어가지 않는다. 돈을 손에 넣는 것은 셀러와 경매 회사다. 왜냐하면 경매는 프라이머리 마켓이 아니라 세컨더리 마켓의 거래이기 때문이다.

아트의 가격은 프라이머리 마켓과 세컨더리 마켓 두 종류의 구조로 결정된다. 프라이머리 마켓에서 거래되는 것은 작가가 직접 판매하는 작품이고, 세컨더리 마켓에서 거래되는 것은 한 번 판매되었다가 시장에서 다시 거래되는 작품이다.

프라이머리 마켓은 말 그대로 제1차 마켓으로, 아티스트가 새로운 작품을 갤러리에서 발표하고, 그 자리에서 고객에게 판매한다. 바로 첫 작품을 취급하는 마켓이다. 프라이머리 마켓 안에 들어가는 것은 커머셜 갤러리라고 불리는 것, 백화점 갤러리 등이 있다. 다만 백화점의 가격은 중간에 업자가 들어가 있어서 순수한 프라이머리라고 하기 어려운 점이 있으므로 여기에서는 작가가 직접 작품을 제공하는 커머셜 갤러리만을 가리키기로 한다.

이 경우 가격은 작가의 업적이나 장래성, 인기 등에 따라 다르지만, 업계에서 통용되는 가격대로 결정된다. 갤러리에서 그 작품을 구매하는 것은 꽤 익숙한 사람이 아니라면 용기가 필요할 수도 있다. 작가는 말하자면 개인 상점과 같고, 기본적으로는 자기 책임하에 이루어지는 매매이기 때문에 말하자면 상장 전 미공개 주식을 사는 느낌에 가깝다. 하지만 서구의 유명 수집가들은 프라이머리 마켓에서 구입해 왔다. 서구의 수집가들은 다른 사람들을 흉내 내고 싶지 않은 개성 강한 사람들이 많기도 하지만, 미국에서는 세제 혜택 제도가 있다는 사정도 있다.

갤러리는 예전에 연예인과 소속사 같은 관계라서 아티스트를 매니지먼트할 뿐 아니라 프로듀싱을 하거나 프로모션을 하기도 했다. 요즘에는 사정이 바뀌고 있고, 자금적으로나 시간적으로나 아티스트와 2인 3각으로 일할 수 있는 갤러리가 줄어들고 있다.

뉴욕의 가고시안 갤러리

몇 년 전 뉴욕의 힘 있던 프라이머리 갤러리들이 무더기로 문을 닫는 사태가 벌어졌다. 수익이 나는 주된 장소가 경매 등의 세컨더리 마켓으로 바뀌었기 때문이다. 실제로 전 세계에서 가장 힘이 있다고 알려진 가고시안 갤러리, 페이스 갤러리는 세컨더리 갤러리의 거장이다.

소더비즈, 크리스티는 국제적인 경매 회사로, 세컨더리 마켓을 움직이고 있다. 이미 세컨더리 마켓에서 거래되는 거장 아티스트는 상관없지만, 앞으로 메이저를 목표로 하는 젊은이나 중견 아티스트에게는 실적을 쌓기 위한 프라이머리 갤러리의 폐점이라는 사태는 혹독한 상황이다. 앞으로 아티스트만이 아니라 아트 업계에도 영향을 줄 것으로 보고 있다.

아티스트에게 인기가 생기기 시작하고, 작품의 공급도 널리 이루어지면 갤러리에 의한 공급만이 아니라 한 번 구매되었어도 재거래의 자리에 등장하는 작품이 나오기 시작한다. 그것이 세컨더리 마켓으로 흘러간다.

앞서 언급한 경매 시장은 세컨더리 마켓이라고 불리는 매매의 주요 장소이며, 그 밖에 세컨더리 갤러리라고 불리는 2차 유통의 작품을 다루는 갤러리도 있다. 작품의 급등에는 경매 회사나 세컨더리 갤러리의 거래가 영향을 준다고 알려져 있다. 고가의 갱신은 항상 경매 회사의 거래에 따라 생긴다.

경매도 세컨더리 갤러리도 통상적인 제품 사이클로 말하자면 중고 시장이라고 생각하면 되는데, 여기부터가 아트 작품이 흥미로운 점이다. 이 장소에서 예술성이 높은 작품과 그렇지 않은 작품은 큰 가격 차이가 생긴다.

작가의 업적이나 지명도, 작품의 내력, 상태, 퀄리티 등에 따라서도 가격은 좌우되며, 아티스트에 따라서 가격 차이가 크게 난다. 구사마는 승자의 그룹에 속한다. 그런데 설령 그렇다 해도 세컨더리 마켓에서는 이미 작품이 아티스트의 손을 떠나 있기 때문에 아티스트에게는 돈이 한 푼도 들어가지 않는다(그것에 의문을 느껴 자신의 작품을 직접 경매에서 팔려고 한 데미안 허스트 같은 아티스트도 있다). 물론 경매에서 낙찰 가격이 급등하면 신작에서 프라이머리 마켓의 가격에 영향을 줘서 올라가게 된다.

이 구조도 주식 시장과 같아서 회사 상장 시 주식을 시장에 판 주주는 프라이머리에서 수입을 얻을 수 있지만, 그 후 아무리 시장에서 주식이 매매되어도 그 거래에 따르는 이익을 얻을 수 없다.

주식시장에서는 가끔 투기주처럼 특정 투자자들이 의도적으

©Travers Lewis/ Shutterstock.com   세계적인 미술품 옥션 회사 소더비즈

로 대규모 자금을 유입시켜 급격한 주가 상승이나 하락이 생기는 경우가 있는데, 아트의 세계에서도 유사한 일이 생길 때가 있다.

화랑 사이에서 고액 낙찰을 반복해서 그림이나 작가의 가치를 높이는 경우인데, 그렇게 인위적으로 조작해서 일시적으로 가치를 올려도 오래가지 못한다. 역시 많은 사람이 그 작품에 끌리고, 어떻게든 손에 넣고 싶은 욕망이 높아지기 때문에 가격이 무제한으로 치솟는 것이다.

08 아트와 부동산 거래의 공통점

최근 경매는 연출화되고 있다. 고액으로 낙찰된 금액이 많은 사람에게 충격적으로 전해지자 경매 회사는 두 번째, 세 번째 기회를 찾고자 점점 드라마틱하게 경매를 연출해 간다. 과연 낙찰된 금액이 실제 가격과 얼마나 일치하는지 상당히 수상한 부분이기도 하다. 경매 카탈로그를 보면 알 수 있지만, 작품 사진 아래에는 낙찰 예상 가격이라는 것이 존재한다. 이 가격은 실제 가격에 어느 정도 맞춘 가격으로, 세컨더리 갤러리 등에서 매매되는 가격과 유사하다.

낙찰 예상 가격에는 폭을 두고 있어서 시가의 70~80퍼센트 가격으로 게재되는 경우가 많지만, 입찰하는 사람들에게 의욕을 주기 위해 가격을 낮게 억제하고 있다. 실제로 어느 정도의 금액으로 낙찰되는 구매자에게는 행운인 작품도 있지만, 명품이라는 것은 그와 반대로 낙찰 예상 가격을 훨씬 웃돌아 터무니없는 가격까지 올라간다.

이런 작품을 원하는 것은 의욕 넘치는 수집가들이지만, 대체로 이런 사람들은 비즈니스 성공자이자 사회적 강자다. 압도적으로 오기가 강한 사람들이기 때문에 매우 공격적이며, 라이벌이 있어도 결코 물러서는 법이 없다. 그 결과 터무니없는 가격까지 올라간다. 쿤스의 작품처럼 역사적인 화제작이 나온다고 하면, 경매장은 한순간에 열기를 띠고 끝없이 가격이 오른다. 경매 회사가 기다리고 기다리던 순간이기도 하다.

경매 회사들은 이런 상황을 조성하기 위해 전 세계를 누비며 명작, 걸작 부류를 찾는 데에 혈안이 되어 있다. 대형 경매 회사의 디렉터가 역설했지만, 경매의 성공에는 어쨌든 걸작(마스터피스)이 필요하고, 좋은 작품을 찾을 수만 있다면 경매는 거의 성공한 것이나 다름없다고 한다. 이렇게 값이 오르는 상황을 들으면 아트 업계는 좋다고 생각할지 모르지만, 존재하는 작품 중에서 이런 행운이 찾아오는 것은 극소수다.

투자 목적으로 아트 작품을 구매하는 경우 조금 주의해야 할 점이 있다. 주식이나 채권과는 달리 아트 작품은 즉시 현금화될 수가 없다는 것이다. 아트 작품을 팔기 위해서는 적어도 몇 년, 때로는 몇십 년이 필요할 수도 있다.

게다가 고액의 미술 작품은 보관에도 돈이 든다. 창고비, 보험료, 이송비도 필요하다. 또한 화랑이나 경매 하우스에 지불하는 수수료도 결코 저렴하지 않다. 경매로 매매하는 경우에도 낙찰가의 10퍼센트에서 15퍼센트의 수수료가 필요하다.

그 수수료를 웃도는 가격 상승은 단기간에 기대할 수 없다. 그런 의미에서 아트 거래는 주식보다 오히려 부동산과 비슷할지도 모른다.

이렇게 아트와 돈에 얽힌 이야기는 영화 〈모든 것의 가치The Price of Everything〉에 자세히 표현되어 있으니 관심 있는 분들은 꼭 보기 바란다.

나다니엘 칸Nathaniel Kahn 감독은 아카데미상 후보에 오른 다큐멘터리 영화 〈나의 설계자: 아들의 여행My Architect: A Son's Journey〉에서 누구나 품는 아트와 돈에 관한 의문을 미술계 유력자들에게 직접 던지면서 아트와 돈의 관계를 살펴보고 있다. 갤러리스트, 컬렉터, 평론가 등이 등장하며, 독일 화가 게르하르트 리히터Gerhard Richter 같은 거물 아티스트들도 출연하고 있다. 경매 하우스 소더비즈에서 작품이 매매되는 모습 등도 비춰져 매우 사실적으로 아트 시장의 이면이 그려져 있다.

09 어떻게 아트에 투자해야 하는가

아트에 투자하고 싶다고 생각할 때 추천하는 방법을 소개한다. 마음에 드는 작품을 골라 그대로 계속 사무실이나 집에 그 그림을 장식해 둔다. 그러면 날마다 그 작품을 즐길 수 있을 뿐 아니라 아티스트가 인정받는 날에는 가치가 점점 올라간다.

미술품은 가격 상승도 기대할 수 있지만, 그것을 목적으로 모으기 시작하면 종종 기대를 저버리기 마련이다. 올라가는 것은 올라가지만 값을 매길 수 없는 것은 정말 제로가 된다. 그런 일도 충분히 있을 수 있다. 아무리 감정을 잘하는 화랑이라도 10년 후, 20년 후에 무조건 가격이 오르는 아티스트를 100퍼센트 찾을 수는 없다. 불확실한 정보에 휘둘려 좋아하지도 않는 작품에 돈을 쓰기보다는 정말 자신이 좋아하는 작품을 사는 편이 후회가 덜할 것이다.

그런데 미술품은 회계 처리상 어떻게 취급되는지, 미술품은 비용으로 계상할 수 있는지, 아니면 자산으로 계상해야 하는지에 대한 질문에 답하겠다.

회계상 기본적으로 미술품은 자산이 된다. '기본적으로'라고 한 것은 금액이나 미술품의 가치에 따라 취급이 달라지기 때문이다. 간단히 말해 일본의 현행 제도에서는 100만 엔(약 900만 원) 미만의 미술품은 감가상각 자산으로 취급할 수 있다. 그 이상의 금액이 되면 감가상각 자산이 되지 않는다. 벽화 등 건축물과 일체화된 작품은 100만 엔이 넘어도 감가상각 자산으로 취급될 수 있다. 다만 이것은 회계 처리상의 이야기이며, 실제 작품이 자산성을 가지는지 어떤지는 별개의 문제이며, 작품에 따라 달라진다.

미술품으로 평가를 받으면 자산성을 담보할 수 있지만, 예술성을 인정받지 못하면 제로가 된다. 회계 처리상 규칙은 해마다 바뀌므로 매번 회계사에게 확인하기 바란다.

투자만을 목적으로 하는 사람은 아트 펀드를 이용하는 방법도 있다. 부동산 투자를 취급하는 투자회사가 있는 것과 마찬가지로 아트 세계에도 전문가에게 맡길 수 있는 펀드가 있다.

일본에서 아트 펀드라고 불리는 투자 회사는 아직 역사도 얕고, 서비스 내용도 회사에 따라 편차가 눈에 띈다. 그래도 아트를 보관할 필요가 없고, 공동 구매할 수 있고, 전문가의 조언이 있다는 이점이 있다. 개인적으로 소장하고 싶은 미술품에 대한 참고 의견도 제공해 주기 때문에 투자만을 목적으로 하는 사람은 검토해 볼 가치가 있을 것이다.

그러나 증권 투자 펀드나 부동산 투자 펀드처럼 이익을 확약하는 것은 아니다. 가장 중요한 점은 좋은 작가나 갤러리는 펀드 매수자가 들어오는 것을 싫어한다. 왜냐하면 펀드는 시장을 휘젓고 다닐 뿐이기 때문이다. 개중에는 매수자가 펀드인지를 확인하고 펀드 매수자에게는 팔지 않는다는 갤러리도 있을 정도다. 일단 정말 좋은 작품은 펀드에 갈 가능성이 낮다. 예술을 사랑하고 예술의 가치를 믿는 사람들에게 단순 투자 목적의 펀드는 백해무익하다.

10 전위적인 작품을 바라보는 법

2018년 가을, 런던에서 경매에 올라간 〈풍선과 소녀〉라는 작품이 140만 달러에 낙찰된 직후, 작품에서 알람이 울리는가 싶더니 그림이 액자에서 떨어지며 길게 잘렸다. 경매장을 떠들썩하게 한 사건이었다. 뉴스에도 나왔기 때문에 기억하는 사람이 있을 것이다.

이 그림은 런던을 중심으로 복면으로 활동하는 예술가 뱅크시의 작품이었다. 뱅크시는 세계 각지의 거리에 신출귀몰하게 나타나 작품을 그리는 것과 사회 풍자적인 작품 때문에 '예술 테러리스트'라고 불린다.

작품의 과격함이나 게릴라적인 수법으로 주목을 받고 있는데,

뱅크시 〈풍선과 소녀〉의 모작

    뱅크시는 지금까지 줄곧 반전, 비폭력, 반체제, 반자본주의 같은 주제로 작품을 알려 왔다. 그 속에는 "그리는 쪽에 강한 메시지가 있으면 낙서도 아트가 될 수 있다."는 주장이 담겨 있다. 대부분의 작품은 마을 안 벽에 그려진 스트리트 아트이기 때문에 벽을 잘라내지 않는 한 판매할 수 없다.

    그런 뱅크시가 자신의 작품을 문서 절단기에 걸었던 이유는 뭘까? 혹자는 스트리트 아트를 경매에서 고액에 되파는 일에 대한 반발이나 자본주의화한 아트를 비판하기 위해서였다고 주장한다. 경매에서 아트 작품이 수십 억~수백 억 원의 금액으로 거래되는 것에 대해 1억 5,000만 엔(약 135억 원)의 값이 매겨진 것을 문서 절단기로 절단해서 그런 풍조에 대해 반격한 것이 아닌가 싶다.

하지만 아이러니하게도 이 소동 덕분에 작품의 가치가 현격히 올랐다고 알려져 일부 전문가들은 이번에 잘려나간 〈풍선과 소녀〉의 종잇조각 가치가 이번 소동으로 두 배, 세 배가 될 것이라고 한다. 그렇게 되면 구매한 부유층은 반자본주의인 뱅크시조차 돈의 힘으로 소유할 수 있다며 크게 웃을 것이다. 그래서 뱅크시의 이번 시도가 자본주의나 예술의 가격 급등을 공격한다는 본래의 계획에서 벗어나 오히려 아트의 자본주의화를 조장하는 결과가 되지 않았냐는 비판도 일고 있다.

문서 절단기로 잘라진 종잇조각이 가치를 지닌다. 그것은 작품이라는 '물건'보다도 '사건'이 더 가치가 있다는 것을 의미한다. 어쩌면 뱅크시의 목적이 그것에 있었을지도 모른다.

뱅크시는 〈선물 가게를 지나야 출구 Exit Through The Gift Shop〉라는 영화를 감독한 적이 있는데, 영화 내용이 정말 재미있다. 현대미술의 진정한 예술적 가치는 어디에 있느냐는 물음을 놓고 명성과 가격의 문제에 대해 한 명의 급조한 아티스트가 성공하는 과정을 통해 본다는 이야기다. 아트에 아무런 지식이 없는 영화 주인공 티에리가 뱅크시의 연출에 따라 미스터 블레인 워시라는 이름의 아티스트가 되어간다. 현대미술계의 성공을 희화화한 듯한 작품으로, 예술과 자본주의의 본질을 찌르는 이야기 전개가 매우 훌륭하다.

또한 천재적인 블랙 유머를 보여주고 있는데, 뱅크시가 감수해서 실제로 존재했던 디스토피아 테마파크 '디즈마랜드'에서는 17개국 약 50명의 아티스트가 참여한 이색적인 전시를 보여주었다. 이곳에는 이민으로 넘쳐난 보트와 무정부주의자들의 훈련 캠프 등으로 구성된 세계에서 가장 우울한 테마파크로 큰 화제를 모았다. 절망적인 현 사회의 정세를 문제 제기하면서 엔터테인먼트로 만들어 가는 창의성이 정말 대단하다.

11 아트와 자본가들의 역사

자본주의와 매우 친화적인 아트 비즈니스 중에는 자본주의를 비판하는 아티스트도 있고, 그것을 이용해 스스로 프로듀싱하면서 가치를 높이는 아티스트도 있다. 이미 한 세기 전에 마르셀 뒤샹은 이렇게 외쳤다. "우리에게는 화폐를 대신할 것이 많다. 금, 백금, 그리고 이제는 아트도 화폐를 대신할 수 있다."

실제로 매우 잘 나가는 아티스트 중에는 자신이 조폐국이라는 농담을 하는 사람도 있다. 확실히 사회적 환상이라는 의미에서 아트와 화폐는 비슷하다. 아트가 작가의 예술적 창의를 분명히 결정화시켰지만, 한편으로는 글로벌 금융상품인 것도 사실이다.

제3장에서도 소개한 아트계의 올림픽으로도 불리는 베네치아 비엔날레는 세계에서 가장 격식 높은 현대미술의 축제 중 하나로 100년 이상 지속되는 세계에서 가장 오래된 국제전이다. 또 포스트 콜로니아리즘, 멀티 컬츄럴리즘 등 시대의 과제를 빠르게 테마로 하는 정통파의 국제적인 현대미술의 발표의 장소이기도 해서 향후 10년의 현대미술 동향을 점친다고도 알려져 있다. 2015년에는 글로벌 자본주의를 비판하는 기획전도 열렸는데, 거기에 큰 모순이 있었다. 폭주하는 자본주의를 어떻게 비판하든 결국 아트의 가치 부여는 자본주의 사회의 승자인 극소수 부유층이 하기 때문이다. 이처럼 아트는 자본주의 경쟁사회, 그중에서도 승자 그룹인 권력자들과 떼려야 뗄 수 없는 관계다.

　아티스트가 자본주의를 비판하는 일 자체가 글로벌 자본주의를 통해 계속 확장되어 온 아트 마켓을 추종하고 인정받아 가치의 급등을 초래하는 딜레마에 빠진다. 정말 아이러니한 일이라고 말할 수밖에 없다.

　그렇다 해도 아트에서 교환가치의 실체는 무엇일까? 화폐처럼 국가라는 권위가 보증한 것도, 가치가 고정된 것도 아니다.

　값이 오르기 위해서는 그럴 만하다는 것을 믿을 근거가 있어야 한다. 누가 무엇에 따라 가치를 보장하느냐의 문제다.

아트의 가치 부여의 변천을 역사적으로 되돌아보면 조금 근거가 보인다. 애초에 아트는 누가 소유했는가 하는 것이다.

아트는 과거 왕후 귀족이나 위정자 등 일부 지배층이 소유해 애정을 쏟았다. 사치스러운 작품도 있고, 만인을 교화하기 위해 그린 작품도 있는데, 미적이고 희소성이 높다. 권력자가 바뀌어도 세상의 부를 쥐고 있는 일부 사람들의 소유였다. 다빈치나 미켈란젤로도 당시의 권력자를 위해 작품을 제공했다.

그런데 18세기 후반 산업혁명 이후 양상이 달라졌다. 부의 소유가 시민층으로도 확산되자 아트도 마찬가지로 그동안 아트를 소유하지 않았던 층까지 확산되었다. 시대가 흘러 자본주의 사회가 발전함에 따라 하부층으로 확장되었다. 예를 들어 인상파의 그림은 당시 대두하기 시작한 신흥 자본가들을 위해 그려졌다. 작은 부르주아라고 불리는 자본가와 노동자의 중간에 위치한 사람들이 등장하기 시작한 시대다.

사회 전체의 생산력이 올라가고, 사회가 풍요로워지자 많은 사람이 부를 소유하게 되고, 아트도 퍼져 나간다. 이 현상을 예술의 민주화라고 생각할 수도 있다.

프랑스 혁명 이후 왕궁이었던 루브르궁을 미술관으로 만든 것도, 왕과 귀족이 독점했던 미술을 시민에게 개방하는 민주화 움직임에 따른 것이다.

많은 사람이 아트를 소유하고 아트의 가치 부여에 참여하게 되면 예술은 더욱 열린 가치로 보편적인 존재가 된다. 그것이 현재까지 이어진 미술 역사의 흐름이다. 과거에는 서구를 중심으로 소유되었던 부는 세계화에 의해 세계로 퍼져 중동, 러시아, 남미, 중국, 동남아시아, 인도에 부자가 생겼고, 그런 사람들이 아트를 소유하기 시작했다.

아트를 인지하고 소유하는 사람이 확산되자 전 세계 사람들이 아트의 가치 부여에 관여하고 있다. 세계에 등장한 신흥 부자라고는 하지만 예전처럼 유럽의 특권 계급만 없다. 누가 교환가치를 보증하느냐면, 전 세계의 사람들이 된다.

아트는 자본이나 권력에서 자유로워지려고 하는 한편, 그것에 얽매이는 딜레마 속에 전개해 왔다. 잡혔다가 도망치기를 반복하는 셈이다. 아티스트의 자세도 탐욕과 품격의 양면을 가진 현실주의자와 이상주의자다. 마치 트릭스터(Trickster, 신화 등의 이야기에서 도덕과 관습을 무시하고, 질서를 깨뜨리며 장난을 좋아하는 장난

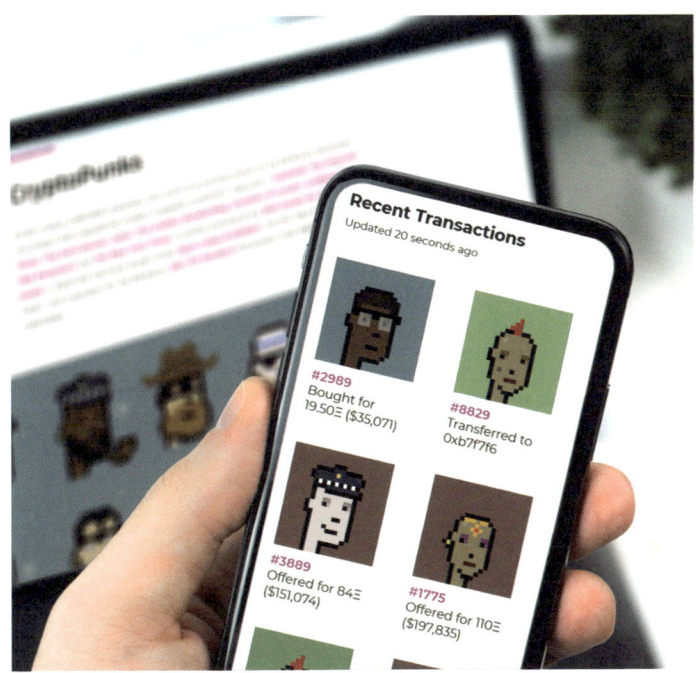

블록체인 기반 NFT 아트 마켓

꾸러기 같은 인물 – 역주) 같다.

앞으로 아트의 가치 부여는 누가 주역이 될까? 부유층이 그대로 가는 것일까? 아직 아무도 모르지만, 흥미로운 움직임이 나타나고 있다.

바로 블록체인이다. 가상화폐의 배경에 있는 사상으로, 가상화폐는 화폐를 국가의 보증에서 해방시켜 그것을 소유한 사람들에 의해 상호 감시로 가치가 보증되는 사고방식이다. 블록체인이 잘 될지는 앞으로의 문제이지만 상호 감시성이나 장소 공개성 등 민주적인 프로세스가 특징이라서 현재 아트의 편중된 시장을 시정할 가능성이 있다.

실제로 블록체인 방식을 아트 시장에 응용한 스타트반Startbahn 이라는 기업이 '아트 블록체인 네트워크' 사업을 가동해 추진하고 있다. 이 회사의 대표 시이 타헤이는 현대 아티스트의 얼굴을 가진 기업가다. 도쿄대학 대학원을 수료한 지식인으로, 사업의 목적에 아트의 민주화를 주장하는 등 그야말로 교환가치의 결정 프로세스의 공개성이나 참가권을 높여 블랙 박스화한 가격 설정의 구조를 바꾸거나, 아무리 작품의 가격이 상승해도 제작자인 아티스트에게 한 푼도 들어오지 않는 세컨더리 마켓의 구조를 시정해서 아트의 소유 형태에 개혁을 가져오고 있다.

12 작품의 본질적인 가치란 무엇인가

상업적인 성공을 거둔 아티스트는 의도적이든 아니든 모두가 글로벌 자본주의와 유착된 아트의 세계에 살고 있다. 그런 시스템에서 벗어날 수 없는 것이 현대미술의 숙명이다.

실제로 베네치아 비엔날레에 가면 샴페인 건배로 시작되는 호화로운 리셉션 파티가 곳곳에서 개최되고 있고, 대통령부터 장관 같은 정부 요인, 투자자, 대기업 총수 등 사교계에 빠질 수 없는 사람들이 얼굴을 맞대고 있다.

본래 아트는 아티스트가 자신을 둘러싼 세계나 현실의 사건을 접하고, 그것을 형태로 표현하고 싶은 강한 충동에서 생겨난다.

판매를 목적으로 생산되는 상품과는 성질이 다르다.

하지만 글로벌 자본주의 속에서 작품이 완성되어 일단 아티스트의 손을 떠나면 다른 상품과 마찬가지로 가격이 매겨서 딜러나 수집가들 사이에서 사고파는 숙명에 놓인다. 게다가 아트로 이익을 보는 것이 나쁘다고 단언할 수도 없다.

경제적인 성공을 거둔 무라카미 다카시도 저서《예술투쟁론芸術鬪爭論》(겐토샤)에서 "예술의 본질은 인간의 욕망과 맞닿아야 한다는 의미로, 자본주의라는 세상에 만연한 괴물을 접해야 한다." 라고 말했다.

그러나 예술이란 돈과 다른 무형의 가치를 만들어 내는 것에 지나지 않는다. 그것이 중심 주제이고, 자산이 되는 예술품은 그다음에 온다.

아트의 본질적인 가치는 보는 사람의 감정이나 정신을 흔들어 살아있는 의미를 긍정하는 것이기도 하다.

어쩌면 아트는 종교에 가까울지도 모른다. 그것은 언어화하는 것이 가장 어려운 가치이기도 하다. 그 가치는 결코 금전으로 대체될 수 없다. 그렇기 때문에 아트의 가치는 무한성을 간직하고 있다고 할 수 있다.

한 줄로 이해하는 현대미술
05

1. 서양 미술은 파괴적인 혁신으로 항상 진화해 왔다.

2. 뒤샹은 예술이라는 개념에 혁명을 일으켰다. 뒤샹의 이전과 이후로 예술의 양상은 크게 달라졌으며, 그는 콘셉추얼아트의 창시자로 자리매김했다.

3. 아트에는 그것이 길러 온 문명관이 강하게 반영된다.

4. 교환가치 덕분에 아트 작품은 투자 대상으로도 매우 인기가 있다.

5. 아트가 계속 확대되듯이 자본주의도 계속 확대되어 갈 것이다. 아름다움에 한계가 없듯이 인간의 욕망에도 한계가 없기 때문이다.

6. 장인의 높은 기술력도, 미지의 영역에 대한 도전의식도 아트의 세계 정도에만 남아 있을지도 모른다.

7. 지명도, 제작연대, 생사, 제작된 작품 수는 어느 정도인지, 앞으로 새로운 작품이 나올 것인지 등 아티스트에 관한 다양한 조건에 따라 가격이 결정된다.

8. 전문가들에 의해 아름다움이 이야기되고, 거래되고, 평가되어 곧 아트로

권위를 갖게 된다.

9. 어떤 아트 작품이든 사회화 과정이 필요하고, 그 결과 자산으로 가치도 생겨난다.

10. 아트의 가격은 프라이머리 마켓과 세컨더리 마켓 두 종류의 구조로 결정된다.

11. 최근 경매는 연출화되고 있다. 경매 회사들은 이런 상황을 조성하기 위해 전 세계를 누비며 명작, 걸작 부류를 찾는 데에 혈안이 되어 있다.

12. 뱅크시는 반전, 비폭력, 반자본주의라는 테마로 작품을 알려 왔다.

13. 사회적 환상이라는 의미에서는 아트와 화폐는 비슷하다.

14. 아트는 자본주의 경쟁사회, 그중에서도 승자 그룹인 권력자들과 떼려야 뗄 수 없는 관계에 있다.

15. 사회 전체의 생산력이 올라가고, 사회가 풍요로워지자 많은 사람이 부를 소유하게 되고, 아트도 퍼져 나간다.

16. 아트의 본질적인 가치는 보는 사람의 감정과 정신을 흔들어 살아있는 의미를 긍정하는 것이며, 어쩌면 종교에 가까울지도 모른다.

리더들이 반드시 알아야 할 현대미술 개념
05

콘셉추얼 아트 *Conceptual Art*
1960년대 후반부터 70년대에 걸쳐 나타난 전위 예술 무브먼트. 회화나 조각이라는 형태를 갖추지 않고 구상이나 생각만으로도 예술이라고 간주하는 사고방식이다. 뿌리는 레디메이드 작품 〈샘〉을 만든 마르셀 뒤샹까지 거슬러 올라간다.

인상파 회화
19세기 후반 프랑스에서 발생한 예술 운동인 인상파의 화가들이 그린 그림. 사실보다 화가의 눈에 어떻게 비치는지를 중시한다. 공간과 빛의 변화를 그린다는 특징이 있다. 인상파라는 이름은 클로드 모네의 작품 〈인상·일출〉에서 유래했다.

갤러리스트
자신의 갤러리를 가진 미술상을 말한다. 전속 계약을 맺은 아티스트의 전시회를 열어, 작품을 매매한다. 거장들의 작품을 알리거나 젊은 재능을 발견하고 육성해서 전 세계에 알리는 등의 역할을 담당한다.

나라 요시토모 奈良美智, 1959~
감상자를 뒤돌아보고 있는 특징적인 아이를 모티브로 한 드로잉이나 아크릴 물감으로 그린 그림으로 알려졌다. 뉴욕 근대 미술관과 로스앤젤레스 현대 미술관에 작품이 소장되는 등 세계적인 평가를 받고 있는 일본 아티스트이다.

데이비드 호크니 David Hockney, 1937~
영국 태생으로 현재는 로스앤젤레스를 거점으로 활동 중이다. 1960년대부터 팝아트 운동에도 참여했다. 서부 해안의 햇빛을 느끼게 하는 화려한 색조로, 수영장이 있는 저택이나 인물 등을 그린 그림이 인기를 끌었다. 영국의 20세기 현대 예술을 대표하는 한 사람이다.

프랭크 스텔라 Frank Stella, 1936~2024
전후 미국의 추상화를 대표하는 화가, 조각가. 규칙적인 검은색 줄무늬로 화면을 덮는 블랙 페인팅을 통해 일약 유명해졌다. 극히 한정된 요소로 구성된 작품은 미니멀 아트(심플한 형태와 색으로 표현하는 조각과 회화)의 선구자로 여겨진다. 80년대에 들어서자 급변해서 다양한 색채와 곡선으로 그림인지 조각인지 알 수 없는 복잡한 형태의 작품을 제작했다.

조지 리키 George Rickey, 1907~2002
미국의 현대 조각가. 금속을 소재로 해서 가동적인 구성적 입체 작품으로 알려졌고 소리를 내는 작품도 시도했다. 시와 분석 과학의 통합을 바탕으로 풍력을 이용한 독자적인 키네틱 아트(움직이거나 움직이는 것처럼 보이는 작품)를 계속 만들었다.

사이 톰블리 *Cy Twombly, 1928~ 2011*
잭슨 폴록(Jackson Pollock) 이후 미국 추상표현주의의 제2세대로 자리매김한 20세기를 대표하는 화가. 즉흥적인 선과 물감, 숫자와 알파벳을 조합한 회화와 조각 작품을 많이 남겼다.

샘 프랜시스 *Sam Francis, 1923~1994*
색을 캔버스에 던지듯 그리는 스카이 페인팅으로 알려진 추상표현주의의 흐름을 이어가는 색채화가. 캘리포니아를 거점으로 파리, 뉴욕, 도쿄에서 독특한 작품을 계속 창작했다.

옥션 *경매*
여러 구매자에게 가격을 매기게 하고, 최고가를 신청한 사람에게 판매하는 방법. 아트의 세계로 한정하면 미술작품을 경매하는 일이다. 개인 컬렉션 작품의 매매가 주를 이룬다. 세계적으로 유명한 옥션하우스(경매 회사)로는 소더비즈, 크리스티 등이 있다.

아트 바젤
스위스 북서부 도시 바젤에서 매년 6월 4일간 개최되는 세계 최대 규모의 현대미술 페어. 세계 각국에서 4,000명 이상의 아티스트가 예술 작품을 출품한다. 전 세계에서 주요 미술 수집가, 관계자가 방문하기 때문에 바젤에서는 같은 시기에 많은 전시회, 이벤트, 파티가 열려 성황을 이룬다.

아트 바젤 홍콩
스위스 바젤에서 열리는 아트 바젤의 아시아판. 아시아 최대 규모의 아트 페어이다. 빅토리아 하버에 면한 홍콩 컨벤션&엑시비션 센터를 무대로 진행된다. 같은 아트 바젤 마이애미가 있지만, 2019년에 마이애미의 매출을 뛰어넘어 세계 제2위의 아트 페어로 성장했다.

아트 센트럴
아트 바젤 홍콩과 같은 시기에 개최되는 아트 페어이다. 아트 바젤 홍콩의 위성 페어라는 설정이다. 홍콩의 아트 현장을 고조시킬 목적으로 같은 시기에 개최된다.

M+
홍콩 서부 구룡 문화지구에 개관한 아시아 최대 규모의 현대미술관. 서구의 테이트모던이나 퐁피두 센터에 필적하는 미술관으로 구상됐다. 대상은 현대미술, 디자인, 건축, 영상, 사진, 패션 등 다양하다.

아르브뤼트 Art brut
미술사 등의 과거 문맥과 거리를 두고 제작된 예술 작품을 말한다. 미술 전문 교육을 받지 않은 사람들이 그린 뛰어난 작품을 가리키는 총칭이다. 프랑스어. 영어로는 아웃사이더 아트라고도 불리지만 엄밀히 다른 영역을 가리킨다. 전통이나 유행, 교육 등에 현혹되지 않고, 자신의 내면에서 솟아오르는 충동 그대로 표현되는 예술로. 일본에서는 장애인 아트의 별칭으로도 쓰인다.

인디지니어스 아트 Indigenous Art
오스트레일리아 원주민족이 제작하는 미술 작품을 말한다. 다른 이름은 애버리지니 아트이다. 회화 작품이 많지만, 사진 등 현대적인 표현도 있다. 원주민의 아트 작품은 민족학 박물관에서 전시하는지, 현대 미술관에서 전시하는지에 따라 취급 방식이 상당히 다른데, 때때로 논쟁거리가 된다. 선입견 없이 보면 컨템포러리한 추상화처럼 보이는 작품도 있다.

미디어 아트
컴퓨터 및 기타 전자기기 등을 이용한 예술. 공간 전체에 설치 미술로 전시하는 것, 특별한 기기를 장착하고 체험하는 것, 인터넷으로 발표되는 것 등 다양한 형식이 있다.

하이브리드 아트
인공지능, 로봇공학, 생물학, 물리학, 실험적 인터페이스 기술(음성, 제스처, 안면 인식 등)이라는 최첨단 과학이나 신흥 기술과의 조합으로 표현하는 시각적 아트이다.

팀랩 *teamLab*
2001년에 현 대표이사 이노코 도시유키를 비롯한 5인이 창설했다. 스스로를 울트라 테크놀로지스트 집단이라고 말하며, 검색 엔진 개발부터, 정보 시스템 구축, 애플리케이션 개발, 공간 설계 등 다방면에 걸쳐 비즈니스를 전개하고 있다. 기업으로서 자체적으로 창작하는 디지털 테크놀로지를 이용한 아트가 화제를 모으고 있다.

라이조매틱스 *Rhizomatiks*
인터랙티브(상호간) 광고 프로젝트나 급진적인 미디어 아트 작품으로 주목받는 크리에이터 집단. 광고·홍보, 뮤지엄과 무대 작품에서 시작된 크리에이션은 파리 컬렉션과 밀라노 국제박람회, 국내외 아티스트의 대규모 라이브 공연, 중고생 교육 등 다양한 프로젝트로 발전하고 있다.

이케다 료지 池田亮司, 1966~
프랑스와 일본을 거점으로 활동하는 전자음악, 실험음악의 뮤지션으로 현대 미술작가이기도 하다. 초음파나 주파수 등 소리 자체의 본질에 다가가는 작품을 발표했다. 디지털 테크놀로지를 최대한으로 구사하고, 라이브와 설치 미술을 실시한다.

퐁피두 센터
파리 4구에 있는 종합 문화 시설. 근현대 예술의 거점을 파리로 만들겠다는 조르주 퐁피두 대통령(Georges Pompidou, 임기: 1969~1974)의 구상을 토대로 1977년에 완성되었다. 공공정보도서관, 국립근대미술관·산업창조센터, 영화관, 다목적홀, 국립음향음악연구소(IRCAM)로 구성되어 있다.

라빌레트
파리 19구에 있는 파리 시내에서 가장 큰 공원. 공원 내에는 과학과 음악 전문 시설, 많은 기념물과 폴리라고 불리는 오브제가 산재한다.

크리스티 뉴욕
1766년에 창업한 미술품 옥션 하우스. 런던, 뉴욕, 홍콩을 중심으로 세계 각지에서 연간 약 350회의 경매를 개최, 미술품만이 아니라 보석, 시계, 가구 등 80종류 이상에 달하는 분야를 취급하고 있다.

새뮤얼 뉴하우스 주니어 Samuel Irving Newhouse Jr. 1927~2017년
미국을 거점으로, 세계 27개국에서 《WIRED》, 《VOGUE》, 《GQ》를 비롯한 타이틀을 전개한 다국적 잡지 출판 기업, 콘데나스트사의 전 명예 회장이다.

모나리자
레오나르도 다빈치가 평생 간직하고 있던 유채화. 상반신만 그려진 여성의 초상화로 세계에서 가장 유명한 미술작품이라고 일컬어진다. 제목인 모나리자는 다빈치 본인이 붙인 이름이 아니라 후세에 편의적으로 붙여진 것이다.

큐레이터
미술관에서 전람회의 기획·구성·운영 등을 담당하는 전문직. 미술품의 연구·수집·전시·보존·관리 등을 실시한다. 번역하자면 학예 연구원이라고 할 수 있지만, 본래 큐레이터의 업무 범위와 권한은 학예 연구원에 비해 넓고 강력하다.

갤러리
미술작품을 진열·전시하거나 판매하는 시설이나 조직. 혹은 미술작품을 전시하는 공간을 말한다. 원래는 건축 용어로 유럽 건축에서 방과 방을 연결하는 복도의 기능을 겸한 넓은 방을 의미했지만, 그 방이 회화·조각 전시에 사용되면서 그림이나 조각을 감상하기 위한 통로, 홀, 미술관, 화랑 등의 의미가 생겨났다.

베네치아 비엔날레
이탈리아 베니스 시내 곳곳을 공연장으로 하는 예술 축제. 약 120년의 역사를 자랑한다. 국제음악제, 국제영화제, 국제연극제, 국제건축전 등 독립 부문도 있지만 미술전은 세계 현대미술의 조류를 조감할 수 있는 자리로, 현재도 베

네치아 비엔날레의 중심적 존재라고 할 수 있다.

도큐멘타
독일 헤센주 카셀에서 1955년부터 5년에 한 번씩 개최되고 있는 현대미술의 대형 그룹전. 보통 6월부터 9월에 걸쳐 100일간 개최되기 때문에 100일간의 미술관이라는 통칭이 있다.

인피니티 네트
현대 미술가 구사마 야요이가 1950년대 말에 뉴욕에서 발표한 회화 스타일 및 작품 시리즈의 호칭. '인피니티 네트(Infinity Net)' 혹은 '무한 그물'로도 불린다. 물방울과 함께 구사마 야요이의 대표적인 시리즈 작품이다.

소프트 스컬프처
천이나 실 같은 섬유나 고무, 지방 등의 부드럽고 가소성이 있는 소재를 사용해 제작된 조각이나 입체 작품을 말한다. 오브제라기보다는 공간 작품에 가깝다.

해프닝
본래는 우발적인 사건을 의미하지만, 미술 용어로는 1950년대부터 70년대 전반을 중심으로 북미·서유럽·일본 등에서 전개된 갤러리와 시가지에서 이루어지는 비재현적인 퍼포먼스 아트나 작품 전시 등의 총칭한다.

설치 미술
실내나 옥외 등에 오브제나 장치를 두어 장소나 전시 공간 전체를 작품으로 하는 아트의 장르이다. 관객에게 공간 전체를 체험시켜 작품을 감상하게 한다. 프로젝션 매핑이나 AR(증강현실) 등의 기술이 발전하는 가운데, 표현도 계속 확장되고 있다.

소더비즈
1744년 런던에서 창업한 미술품 경매 회사. 18세기에 설립된 세계에서 가장 역사가 깊은 옥션하우스로 인터넷상에서 세계 최초의 미술품 경매를 개최한 경매 회사이기도 하다.

프라이머리 마켓
금융시장에서 프라이머리 마켓이라고 하면 기업이나 국가·지방 공공단체 등이 주식이나 채권을 발행해 자금을 조달하는 시장을 말한다. 한편 미술 시장에서는 아티스트가 발표한 새로운 작품을 갤러리에서 손님에게 판매하는 1차적인 시장을 가리킨다.

세컨더리 마켓
금융시장에서 세컨더리 마켓은 이미 발행된 주식이나 채권을 투자자 간에 매매하는 시장이다. 한편 미술 시장에서는 프라이머리 마켓에서 판매된 작품이 구매자의 손을 떠나 다시 팔리는데, 그것이 모여 매매되는 시장을 세컨더리 마켓이라고 부른다.

커머셜 갤러리
현대미술 작품을 취급하는 갤러리에는 장소를 빌려주기만 하는 대여 갤러리와 갤러리가 아티스트와 계약해 작품을 전시·판매하는 커머셜 갤러리 두 종류가 있다. 커머셜 갤러리에서는 갤러리 주인이 비용을 부담하기 때문에 아티스트는 무료로 전시할 수 있다는 장점이 있다.

가고시안 갤러리
미국의 아트디렉터 래리 가고시안(Larry Gagosian, 1945~)이 소유하고 운영 중인 현대미술의 화랑. 전 세계에 13개의 갤러리와 상점이 있는 톱 갤러리다. 래리 가고시안은 아트 월드에서 가장 영향력 있는 인물 중 한 명이다.

옥션하우스
미술품 경매를 진행하는 장소, 또는 경매를 실시하는 경매 회사를 말한다. 18세기 세계 최고의 경매 회사로 설립된 소더비즈, 마찬가지로 18세기 미술상 제임스 크리스티(James Christie)가 설립한 세계 최고의 미술전문 경매 회사 크리스티가 세계 경매 시장의 양대 산맥이다.

뱅크시 *Banksy*
영국을 거점으로 활동하는 익명의 스트리트 아티스트. 스텐실(형판)을 사용한 독특한 그라피티 회화와 회화에 더하는 에피그램(짧은 시)에 정치적·사회적 비평을 담는 스타일로 전 세계를 무대로 신출귀몰한 활동을 하고 있다.

포스트 콜로니얼리즘 *Postcolonialism*
서양을 중심으로 하는 과거 제국주의, 식민주의에 대한 반성적 태도를 뜻한다. 미술에서는 서구 중심의 일원적 미술사관에 의해 배제되어 온 주변 여러 나라의 예술적 다원성에 재해석을 촉구하는 것으로 본다.

멀티컬처럴리즘 Multiculturalism
다문화주의. 서구문화중심주의나 단일민족주의에 대한 개념에서 민족은 각자의 문화와 마찬가지로 다른 민족의 문화도 존중해야 한다는 이념이다.

미켈란젤로 부오나로티 Michelangelo Buonarroti, 1475~1564
이탈리아·르네상스기의 조각가, 화가, 건축가, 시인. 유명한 작품으로 시스티나 성당의 천장 프레스코화와 《최후의 심판》, 조각으로는 《피에타》와 《다비드》 등이 있다. 바티칸 성 베드로 대성당의 설계자이기도 하다.

레디메이드
원래는 기성품을 뜻하는 말이지만 미술에서는 마르셀 뒤샹이 고안한 작품 개념을 가리킨다. 대량 생산된 기성품에서 기능이나 의미를 박탈해 오브제로 진열한 것을 말한다.

옮긴이 **정지영**

대진대학교 일본학과를 졸업한 뒤 출판사에서 수년간 일본도서 기획 및 번역, 편집 업무를 담당하다 보니 어느새 번역의 매력에 푹 빠져버렸다. 현재는 엔터스코리아 출판기획 및 일본어 전문 번역가로 활동 중이다. 주요 역서로는 《40세의 벽》《만화로 보는 워런 버핏의 투자전략》《부자들의 인간관계》《비즈니스 모델 디자인》《돈이 쌓이는 가게의 시간 사용법》등 다수가 있다.

왜 성공한 리더들은 아무리 바빠도 미술관에 가는가

초판 1쇄 발행 2025년 8월 28일
초판 2쇄 발행 2025년 10월 7일

지은이 아키모토 유지
펴낸이 정덕식, 김재현
펴낸곳 (주)센시오

출판등록 2009년 10월 14일 제300-2009-126호
주소 서울특별시 마포구 성암로 189, 1707-2호
전화 02-734-0981
팩스 02-333-0081
메일 sensio@sensiobook.com

책임 편집 정아영
디자인 Design IF
경영지원 임효순

ISBN 979-11-6657-203-6 03300

이 책은 저작권법에 따라 보호받는 저작물이므로 무단 전재와 복제를 금지하며,
이 책 내용의 전부 또는 일부를 이용하려면 반드시 저작권자와 (주)센시오의 서면동의를 받아야 합니다.
잘못된 책은 구입하신 곳에서 바꾸어드립니다.

소중한 원고를 기다립니다. sensio@sensiobook.com